Pour Claire O.,
Jérémie V.,
Svetlana P.,

À la mémoire de Viviane Dubois,
1947-2023

Combien la vie est différente quand on la vit et qu'on l'épluche après coup ! Il finissait par se laisser troubler par les sentiments qu'on lui supposait, par ne plus reconnaître le vrai du faux, par se demander où finissait le bien et où commençait le mal.

Georges Simenon

Il regarde la campagne
Sa vie s'en va vers l'estuaire
Sans son Irène en enfer
Le wagon lentement s'éloigne

Alain Souchon

Prologue

PATRICK DEWAERE

Les amours ratent, mais de peu, c'est ainsi que commencent les suivantes. Peut-être que nous en avons trop en nous, quoi qu'on en dise, et il faut que cela sorte ; rien de plus triste qu'un sommeil solitaire, rien de plus triste qu'un sommeil partagé.

Il n'y a pas d'amour heureux, disait le communiste. Là encore, il avait tout faux. Il n'y a pas d'issue heureuse eût été plus juste. Prenez cinq minutes et imaginez votre avenir, irrémédiablement des envies de suicide envahiront votre âme et votre corps, choses mêlées pour les uns, séparées pour les autres ; tout ce que notre existence, courte ou longue, nous a enseigné, c'est que ces choses sont parfaitement inutiles.

La mort vous hante, vous ne pensez qu'à elle. Une fois levé, vous prenez votre douche et sortez. Vous faites bien attention en traversant : un drame est si vite arrivé. Vous accomplissez votre besogne. Votre corps lâche, votre tête ne suit plus. Vous n'êtes plus rien, et, de plus en plus, vous admettez que cet état de fait dure depuis longtemps déjà.

Vous êtes, nous sommes, des putains sans trottoir.

Que s'est-il passé ? Vous essayez de remonter au moment où tout a foiré. La tentation de mettre cela sur le dos de votre naissance comme le faisait un Roumain rébarbatif est forte. Il y a cependant autre chose, et cette autre chose vous hante, au point que vous piochez un anxiolytique, le troisième depuis votre réveil, dans la poche de votre anorak. Des gens dans la rue marchent, vous ne savez pas où ils vont. Eux non plus. Étrangement, vous les enviez.

La ville est grande, vous n'y avez rien à faire.

Un jour, on vous a humilié, et ce jour est sans fin. Votre dégoût ne s'étiole pas. Que faire de toute cette peau qui ne veut pas mourir ? Sur le trottoir d'en face, une femme attend, son téléphone à la main. Elle est brune, belle, et quelqu'un la possède, cela se lit facilement. Une douleur de plus.

Vous n'avez plus beaucoup de pièces en poche. Le verre de vin ne coûte que deux euros. Il ne vous fait aucun effet. L'alcool, en général, n'a plus de prise sur vous. Être pathétique ne vous amuse plus. Au mieux, il vous permet de parler aux gens sans être las dans les cinq minutes qui suivent.

La conversation au comptoir semble ne pas s'arrêter, vous les égorgeriez bien, mais vous n'êtes pas un homme très tactile.

La bibliothèque est ouverte, c'est un refuge parfait pour les paumés. Vous avez quelque velléité littéraire ; vous vous promenez au milieu de Fitzgerald, Fante, Dostoïevski, Céline et autres génies ; vous vous promenez aussi au milieu de médiocres écrivains. Si ne pas atteindre les premiers ne vous affecte pas – vous n'êtes pas ambitieux –, ne même pas être au niveau des seconds vous détruit aussi sûrement qu'un téléphone muet le jour de votre anniversaire.

Vous en avez honte mais c'est ainsi : vous aimez les gens. Bien sûr, vous prétendez le contraire. Rappelez-vous votre enfance, si cela n'est pas trop pénible (et si c'est le cas, faites un effort), et pensez à ces jeux auxquels vous ne participiez pas, à ces goûters d'anniversaire dont vous avez entendu parler. Regardez-vous à présent, dans le miroir des chiottes de la bibliothèque. Vous n'avez guère changé ; vous êtes toujours ce gosse tirant vanité de son exclusion sociale à haute voix et chialant dans sa piaule.

Vous rentrez chez vous, il n'est pas tard. Vous avez le DVD de *Série noire*. Vous aimez Patrick Dewaere, comme vous aimez tous les suicidés. Vous le mettez en route. Patrick danse devant sa bagnole. Patrick gueule. Patrick pleure. Patrick donne des coups de tête sur le capot de sa bagnole. Patrick pense s'en sortir. Patrick perd tout.

Vous êtes, nous sommes, Patrick Dewaere.

Que faut-il faire maintenant que le film est terminé ? Vous optez pour les bonus du DVD. Alain Corneau cause de Jim Thompson. Vous aimez ce mec. Les bonus s'achèvent également. Une femme est dans la chambre d'à côté. Vous ne vous parlez plus. Il n'y a plus rien, ni amour ni haine. Vous fumez une cigarette en essayant de vous concentrer sur *Les carnets du sous-sol*, vous n'y parvenez guère. Cette journée n'a que trop duré.

Il est désormais minuit. Vous pleurez dans votre chambre. Vos mains tremblent. Les somnifères tardent à faire effet ; pourtant vous en avez pris seize au lieu des huit prescrits ; il vous apparaît de plus en plus que tous ces médicaments sont là uniquement pour vous détruire. Aucune amélioration notable. Vous reprenez deux anxiolytiques.

Vous vous levez dans l'idée de boire un verre de whisky. Vous ouvrez la bouteille, restez quelques secondes devant et la refermez. Vous buvez un litre de lait. Dans le fond, vous avez toujours trouvé cela meilleur. Et une idée vous vient.

Il y a deux jours, vous avez fait le plein de médocs. Vous ouvrez toutes les boîtes et remplissez un grand bol d'eau. Vous pénétrez dans la chambre voisine, où une femme dort. Vous vous couchez discrètement à ses côtés et avalez le tout.

Au réveil, vous serez aimé.

GUYADER

Cela faisait deux jours qu'il pleuvait et Guyader ne s'en était pas rendu compte. C'est la radio qui le lui apprit.

Sur le drap blanc, une femme, il y a longtemps, le suppliait d'aller chercher le pain. C'était presque devenu un jeu, un jeu qu'il perdait toujours. Il jouait la mauvaise humeur et elle riait. Le côté qu'occupait Laure avait déjà été remplacé. Par des cendriers débordant de mégots.

Il pensait à ça, alors qu'il n'avait pas pris de petit déjeuner depuis des mois. Il se contentait d'un déjeuner composé d'œufs et de thon en boîte, à midi, à treize heures ou n'importe quand.

Il pensait à ça, aussi, parce qu'il faudrait bien changer de drap. Il avait d'abord prétendu qu'il s'agissait de garder un peu de son odeur. Mais six mois étaient passés depuis que Laure était partie alors il ne pouvait plus se mentir : il se laissait tout simplement aller.

Il se levait parfois de son lit mais c'était simplement pour pisser. Ce matin-là il avait eu bien des difficultés et avait dû s'y reprendre à plusieurs fois. Il avait l'impression que des coups de rasoir lui entaillaient la queue. Il se demanda si ce n'était pas là le signe d'une infection urinaire. Puis il alla se recoucher.

L'histoire qui l'occupait ces derniers temps était celle d'un jeune homme accusé du meurtre de sa compagne. Une histoire qui déplaisait fortement à Guyader tant elle ne ressemblait à rien. Il alluma une cigarette et relut, au hasard, quelques pages du dossier qu'il connaissait par cœur.

Quand son téléphone se mit à sonner, il sut. Un instant, il songea même à ne pas décrocher. Ce qu'il fit quand même. On avait arrêté N., à Paris, dans le XIIe. Quelques formules de politesse et il avait raccroché. Pour les flics, l'affaire était terminée ; pour lui, elle ne faisait que commencer.

Une deuxième puis une troisième cigarette, agrémentées de cafés allongés, et il entreprit de prendre une douche. De revêtir son apparence de juge d'instruction.

Sa fille, Margot, lui envoya un message : « On parle de ton affaire à la télé, ils ne sont pas très tendres avec toi. Te traitent de dilettante… »

Guyader se refit du café et maugréa contre sa fille. Il ne comprenait pas que l'on puisse passer tant de temps devant la télévision. Quand Cécile était partie, il pensait être tranquille de ce côté-là. Pensait qu'il pourrait oublier son travail dès lors qu'il rentrerait chez lui. Qu'on ne lui en parlerait pas. C'était peut-être pire qu'auparavant. Depuis qu'il était seul, toutes ses connaissances semblaient s'être reconverties dans la psychiatrie ou la criminologie.

Margot ressemblait tant à sa mère – mâchoire carrée, yeux bleus et cheveux noirs indomptables – qu'il lui arrivait de la détester. Le reste du temps, il l'aimait. Comme peut aimer un homme qui passe ses journées à regarder des photos de cadavres, à écouter des récits épouvantables. Elle avait, la semaine précédente, eu trente ans. Il avait oublié de lui souhaiter son anniversaire.

Dans les toilettes, il se mit à cracher du sang et pensa que seule sa fille serait éplorée s'il venait à mourir.

Son téléphone se remit à sonner. On lui demanda s'il voulait entendre le prévenu dès cet après-midi. Cela tombait mal, il venait de casser quatre œufs et d'ouvrir une bouteille de vin.

— Vous en avez fini ?

— Oui.

— Faites-le patienter jusqu'à demain.

À Guyader, désormais, de se remettre au travail, en dédaignant les procès-verbaux. Que voulaient-ils dire ? Il se replongea plutôt dans le journal de N. Cet imbécile l'avait publié sur un blog et il n'avait pas fallu longtemps pour que l'on retrouve sa trace. Il l'avait écrit à la deuxième personne du singulier.

Il avait failli s'en ouvrir à Galliot, son ami psychiatre, mais, au dernier moment, avait décidé que cela n'en valait pas la peine. Margot, l'autre soir, alors qu'ils dînaient dans un restaurant italien, lui avait dit qu'elle s'inquiétait pour son juge de père.

— Je peux te poser une question ?

Il ne l'avait pas laissée terminer. Il devinait son questionnement, mais il n'avait aucune réponse. Il ne pouvait se forger d'avis uniquement sur des mots imprimés sur du papier. Il lui fallait voir le bonhomme.

— Selon le portrait-robot qu'ils ont montré, il est plutôt beau gosse, avait-elle conclu.

Elle avait bu un café, lui un cognac, puis, sur le perron, en fumant une cigarette, ils s'étaient promis d'aller dîner dans un restaurant chic du boulevard Montparnasse dès lors que l'affaire serait terminée. Ils s'étaient embrassés et avaient rejoint, elle sa voiture, lui son bureau, où il avait repris le journal de N. depuis le début.

Un tissu de mensonges, de délires, où parfois la vérité a réussi à s'accrocher.

JOURNAL DE N.

(Lille)

Tu ne veux plus voir ton studio crasseux. Tu ne veux plus entendre la musique débile de tes voisins. Alors tu sors, mais c'est dimanche, et pas n'importe quel dimanche : un dimanche à Lille, au mois de mars. Tu as entendu quelque part que c'était la « fête du cinéma ». Tu consultes ton compte en banque : il te reste un peu moins de mille euros. Cela serait largement suffisant si tu avais une rentrée d'argent. Un boulot, du chômage, des parents, mais non, tu vides un pauvre solde de tout compte. Tu t'es fait virer il y a un mois de ton boulot dans un fast-food pour être arrivé complètement saoul.

Tu ne paieras pas ton prochain loyer. Ni les suivants. Retrouver un travail est au-dessus de tes forces. Fréquenter des êtres humains à longueur de journée te fatigue. Tu n'as aucun diplôme, tu n'as pas d'amis, tu ne sais plus vivre à jeun. Alors tu attends. Que pourrais-tu faire d'autre ? Tu as vingt-cinq ans. Il est déjà tard.

Tu n'as pas pris de douche depuis six jours. Quand l'eau tombe sur toi, tu te dis que c'est peut-être une journée spéciale. Tu as bien du mal à trouver une serviette propre, alors tu te promènes à poil et mets le chauffage au maximum. Ça va bien finir par sécher.

Tu enfiles un jean après l'avoir reniflé. Il est OK. Même opération pour le pull, la chemise et la veste en jean. Tes cheveux, tu n'y penses même pas, d'ailleurs, tu n'as pas de peigne. Tu es prêt. Tu bois une Koenigsbier en vitesse, en fumant, assis sur ton clic-clac, les écouteurs dans les oreilles. Souchon. Oui, tu as vingt-cinq ans, le physique d'un lycéen, le foie d'un pilier de comptoir, et tu écoutes Souchon. Tous les matins, tu as l'impression de commencer une partie de scrabble avec sept consonnes.

Tu vis les volets fermés, alors la météo t'offre toujours le seul moment de surprise de ta journée. Il fait beau ! Tu te diriges vers le métro, qui t'emmènera au centre de la ville, puis tu iras voir un film, n'importe lequel, pour trois euros trente, puis tu iras boire. C'est ça, le projet.

C'est pas si mal, te dis-tu.

Complètement inoffensif, penses-tu.

Tu choisis un film au hasard et ta bière avec application. Une ambrée à sept degrés. Tu la bois dans la petite salle d'attente. Deux vieilles discutent des vacances de Pâques. L'une préfère rester ici, pour les petits-enfants ; l'autre, se tirer pour la même raison. Tu attends depuis dix minutes, et ta bière est vide. Tu vas en chercher trois autres. Cela te semble raisonnable. Tu lis deux nouvelles de Jean-Paul Dubois pour tuer un peu plus le temps encore. Un livre est indispensable quand on boit en public, tu le sais bien : il donne de soi l'image d'une épave raffinée.

Le film est bavard et prétentieux. Une histoire de mœurs,

mettant en scène des quadragénaires mâles, tiraillés entre leur vie pot-au-feu et l'envie de baiser chacune de leurs étudiantes. Tu ne cesses de regarder l'heure. Une scène de nu, cependant, te ravit. On y voit une chatte non épilée. Et cela te plaît. Tu as fini tes bières depuis longtemps, et il ne reste que vingt minutes. Il faut tenir. Tu es opiniâtre.

Tu retrouves la rue et comprends ce que doit ressentir un prisonnier quand, enfin, la grille s'ouvre. Comme lui, tu allumes une cigarette et regardes autour de toi, en spectateur. Comme lui, tu te dis que c'est étrange tout ça, les gens qui vont quelque part, en souriant. Sûrs d'être à leur place au bon moment, sur le bon macadam. Tu ne te laisses pas avoir par cette soudaine envie d'introspection.

Wazemmes, paraît-il, est LE quartier où il fait bon picoler. L'immense marché servant de prétexte. Tu demandes ton chemin à un type qui promène son chien, et il te l'indique, sourire aux lèvres. Plus tard, tu te diras que tu aurais dû prendre ce sourire pour ce qu'il était : un avertissement. On a beau vivre depuis un quart de siècle, et n'avoir rien connu d'autre que l'inquiétude, on oublie trop souvent que tout élément de la vie est un piège en puissance.

Les étals ont déjà disparu. Cela tombe bien, tu n'as besoin de rien. Il y a le marché ouvert d'où te parvient l'odeur caractéristique des partouzes alimentaires. Tu regardes les gens en sortir, heureux, des nouilles chinoises et du fromage dans des sacs en kraft, et se diriger vers l'un des cinq bars qui entourent le lieu. Tu te diriges, toi, vers le plus excentré : La Détente.

Tu es au comptoir, tu commandes un Picon bière, puis deux. Tu es seul, les gens ayant préféré la terrasse. Tu te sens partir.

Un troisième Picon. Tu ferais mieux de rentrer chez toi avant que la déprime ne te paralyse. Le serveur te devance, il se remet derrière son comptoir. Vos regards se croisent, alors tu commandes à nouveau. Un whisky, cette fois.

Tu ne sais pas pourquoi tu y repenses maintenant, mais tu y repenses. C'était un feuilleton américain. Le personnage principal, un enfant trisomique, « un enfant pas comme les autres ». Très vite, ta mère, ton beau-père, ton frère tombèrent amoureux de son prénom Corky. Si bien qu'ils t'ont renommé ainsi.

Un type, du genre ouvrier, se pose au comptoir, le portefeuille à la main. Il te dit : elle va revenir. Tu esquisses un sourire, dans la limite de tes capacités. Il dit au serveur : mettez-lui un verre. Puis il voit que tu es au whisky, et regrette son choix. Il est trop tard pour faire marche arrière, alors tu lui dis merci. Vous parlez de l'imprévisibilité de la météo et de l'élection présidentielle qui approche. Il ne croit pas tellement qu'elle va changer quoi que ce soit. Tu lui donnes raison. Cela ne coûte rien.

Te voir discuter avec l'ouvrier a donné des idées au serveur. Il te parle de la série qu'il regarde. Tu te tires.

Tu te diriges vers la station Gambetta. Et tu stoppes net devant. Pourquoi rentrer ? Il n'est que vingt heures, les bars ferment dans cinq heures. C'est incohérent. Tu reviens sur la place du marché et fumes une cigarette devant le Café des halles, la terrasse est plus petite qu'à La Détente, alors le comptoir est, lui aussi, investi par une horde d'ivrognes. Tu es assez saoul pour te faufiler entre tous ces gens. Tu vas aux toilettes et vomis.

Tu es debout sur la terrasse, une bière à la main. Des clodos, des bourgeois déguisés en clodos, des étudiants, des ouvriers, passent d'un bar à l'autre, ou vont s'asseoir sur les trottoirs qui servent d'annexes aux cinq bars. Il y a des gens seuls, également, et ici cela ne jure pas. Tu commences à te sentir bien.

Plus tard, tu te diras qu'il aurait fallu qu'on te montre de l'hostilité, alors tu serais rentré chez toi après le premier bar. Mais tu t'es dirigé, crétin alcoolisé, vers le troisième.

C'est là que ça a merdé. D'abord tu restes au comptoir et repasses à la bière. Le patron de L'Étrange est chauve et ça n'a pas l'air d'être un choix. Il ressemble à Maradona : petit et costaud, une sorte de taureau. Bon, il manque tout de même les cheveux frisés et le teint hâlé.

— Vous ne ressemblez pas du tout à Maradona, en fin de compte.

Tu lui dis ça et tu vas t'installer en terrasse. Tu es saoul et, quand tu es saoul, tu fumes clope sur clope. Faute de place, un type s'assied à ta table. La conversation est assommante et il s'appelle, ou se fait appeler, Malo. Tu fais comme s'il était normal de s'appeler comme ça. Il est gênant à regarder, avec ses clopes mal roulées et son air d'intellectuel blasé.

— Tu fais quoi dans la vie, Malo ?

Malo est figurant dans des reconstitutions historiques.

— Comme Victor Mancini ? tu demandes.

— Victor qui ? il demande à son tour.

Tu en étais sûr.

C'est un personnage de roman, accro au sexe, qui a une technique infaillible pour ne pas payer au restaurant. Il fait mine de s'étouffer, se fait prendre en pitié par les riches clients puisque, bien sûr, ce genre de truc ne marche pas dans les bouis-bouis infâmes où toi tu prends tes repas. Tu ne te souviens plus du nom de l'auteur, tu te souviens simplement qu'il est impossible à écrire et à prononcer. De toute façon, ce n'est pas le sujet. Sur cette terrasse de café, comme dans ce récit, tu essaies de gagner du temps. Pour ne pas dire ton angoisse, ta médiocrité, tes mensonges. La différence, c'est qu'ici tu comptes bien passer aux aveux.

Là, ça devient intéressant. Une fille se pointe, grande et brune. Sur son nez, la même bosse que tu te trimballes depuis la naissance. Elle embrasse Malo et te fait la bise. Elle sent un peu la sueur et est, elle aussi, habillée comme une clocharde.

Elle : Louise.

Tu lui offres une cigarette et elle commence à causer de sa journée :

– Lever à midi (ou midi trente, elle ne sait plus exactement).

– Achat d'un poulet au marché (issu de l'agriculture biologique).

– Ingurgitation dudit poulet à une terrasse de café avec Natacha (qui a acheté une nouvelle voiture dont elle est très contente).

– Moult boissons.

– Retour chez elle. Quatre épisodes de *The Office* et sieste.

Un petit point sur son enfance, son adolescence et ses trois avortements puis une Gaëlle apparaît dans la conversation. C'est la copine de Malo. Et de Louise. Ils lui font la gueule parce qu'elle a couché avec un autre mec.

— Nous ne sommes pas exclusifs, précise Malo.
— Mais on s'est juré de tout se raconter.
— Ah, tu réponds.

Tu décides de repasser au whisky et tu te demandes comment ça se passe exactement, leur histoire. Surtout, tu te demandes si cet enculé de Malo couche avec les deux en même temps. Le cas échéant : est-il performant ?

— Ça fait combien de temps que vous êtes ensemble ?
— Six mois.

Tu fais un clin d'œil à Malo.

Vient toujours, dans tes moments de saoulerie, un petit intermède chanson. Nougaro, Aznavour, Souchon, Barbara, tout le monde y passe. Louise t'accompagne. Ça y est : tu as envie de la sauter. Et tu sais bien que tu ne le feras pas.

Irène revient de son cours de tango. Encore une cinglée, tu penses. Elle s'assied sur la dernière chaise, celle qui est à côté de toi. Elle a quarante ans et des collants bleus. Ses cheveux sont déjà blanchis mais elle est belle. Chacun son odeur : toi, tu sens l'alcool, Louise la sueur, Malo la chance et Irène la solitude.

Tu te mets à lui parler mais pas de la même façon qu'aux deux libertins. Elle t'apprend qu'elle est prof de musique. Sa voix ne porte pas, tu es obligé de t'approcher d'elle. Cela ne semble pas la déranger. Du saucisson se matérialise sur la table. C'est une autre soirée qui commence.

Bien sûr, ce que tu redoutes arrive. Elle te demande d'où tu viens, ce que tu fais dans la vie, et toutes ces conneries. Tu mens, parce que les bars sont faits pour ça. Tu mens, parce que tu ne reverras plus ces gens. Tu mens, parce que tu as toujours menti. Tu mens, parce que tu as envie de plaire à Irène.

Tu comprends bien qu'il se passe quelque chose et, quand elle te propose d'aller chez elle, tu dis oui. Le prétexte : la chanson *Mistral gagnant* que tu rêves de savoir jouer. Elle te l'apprendra. Le bar va bientôt fermer. Vous commandez un dernier verre dont tu n'as pas envie. Ils arrivent et tu le sèches rapidement en te félicitant d'avoir pris une douche.

Sur la route, vous parlez peu. Elle conduit doucement comme si elle voulait retarder le moment où vous vous retrouverez chez elle. Peut-être regrette-t-elle déjà de t'avoir invité. Sur la terrasse, il faisait sombre. Dans la voiture, une lumière agressive lui donne à voir ta gueule pour la première fois.

Vous finissez par arriver. C'est une rue banale, pleine de maisons banales devant lesquelles des voitures banales sont mal garées. Il y a trop de voitures, tu penses, trop d'habitants. Et toi au milieu de tout ça, au milieu de l'universel désastre. Soudain tu as envie de t'enfuir. Mais quand elle ouvre la porte, tu la suis. Deux chats vous accueillent. Elle s'empresse de les nourrir puis elle sort une bière du frigo et vous vous installez à la table de la cuisine.

C'est là que tu prends conscience de la grandeur de la maison. À travers la porte-fenêtre, tu essaies, en vain, d'apercevoir le fond du jardin. Elle s'apprête à ouvrir la bière quand elle se souvient de l'objet de ta venue. Vous vous levez et elle ouvre une porte. Il y a deux pianos. Tu n'y connais rien mais tu sais que ça vaut de l'argent, des pianos comme ça.

Elle joue les premières notes de *Mistral gagnant* et toi, tu penses : voilà, je suis chez une femme de quarante ans qui a du pognon, j'ai vingt-cinq ans et je n'en ai pas. Ce sont des choses qui n'existent pas. Plus tard, tu te diras que si les choses n'existent pas c'est souvent qu'il y a une excellente raison à cela.

La bière est bonne mais ce n'est pas pour ça que tu l'embrasses. Il y a juste eu un silence trop long et tu le combles ainsi. Puis vous n'osez pas vous regarder dans les yeux, alors vous finissez vos verres en fixant les chats qui se disputent la gamelle. Elle est pourtant vide. Ça doit être leur façon à eux de combler le silence. Tu n'y tiens plus, tu l'embrasses à nouveau. Cette fois, c'est un baiser langoureux, dégueulasse, bandant. D'ailleurs, tu bandes.

Vous ne cessez plus. Si c'était filmé, vous ne voudriez pas voir le film. La scène a quelque chose de grotesque. Vous deux, assis, vous roulant des pelles adolescentes. Bientôt vous baiserez. Tu as un peu peur. Tu as toujours peur au moment de coucher avec une fille. Et là, c'est une femme. Tout à l'heure, hier, elle a affirmé n'avoir jamais été mariée. Pour sûr, elle a dû avoir un nombre incalculable d'amants. Tu te demandes comment tu vas t'y prendre pour la faire jouir. Tu te demandes, plus généralement, si tu as déjà fait jouir quiconque. Vous allumez une cigarette.

— À quoi tu penses ? te demande Irène.

— À rien, tu réponds.

Vous écrasez vos clopes et montez.

C'est un futon. Tu lèches longuement ses seins. Tu as encore ton caleçon et cela te fait mal. Elle te caresse à travers le tissu et finit par libérer ta queue. Vous vous embrassez en vous touchant mutuellement et tu sais que tu ne vas pas tenir longtemps. Le pressent-elle aussi ? En tout cas, elle se met sur le dos et te demande si tu es clean. Tu n'en sais rien, tu n'as jamais osé faire un test. Tu réponds : bien sûr.

Tu entres en elle et tu as l'impression d'être un type qui, après des années d'errance, trouve enfin un lieu où il veut rester à tout jamais. Tu te sens bien dans ce sexe qui n'est pas épilé. Elle t'a demandé de ne pas jouir en elle, « On ne sait jamais ».

Une minute plus tard, tu jouis sur son ventre. Tu la regardes et tu essaies une sorte de sourire, elle te le rend. Elle t'indique où est le sopalin, et vous vous essuyez. Tu regrettes de ne pas avoir monté les cigarettes. Tu l'embrasses et lui proposes d'aller en fumer une. Elle t'embrasse, se lève, ouvre un tiroir, en sort un cendrier et un paquet. Tu l'embrasses à nouveau.

Elle te parle de son boulot. Ses cours de musique, principalement du piano, elle les donne à des gosses, dans une ville de banlieue. Une banlieue riche où des parents paient une fortune l'illusion d'avoir des gosses géniaux. Aucun n'est capable de jouer correctement les premières notes de la simplissime *Marche turque* mais cela ne les empêche pas d'être les Mozart de demain. Elle te dit ça comme ça, sans amertume. Elle ne travaille pas beaucoup, seulement le mercredi et le samedi. Pour ne pas s'ennuyer.

— Tu as une chose en commun avec Mozart, d'ailleurs, te dit-elle en souriant.

Cela te surprend un peu et tu t'apprêtes à lui demander des explications. Puis tu te souviens de la précocité du mec. Tu fais mine de bien prendre la chose. Et vous vous y remettez. Cette fois, tu tiens un peu plus longtemps mais ce n'est pas glorieux. Un jour, tu battras des records, et ce sera un jour triste, puisque cela voudra dire que tu ne la désires plus.

Comme chaque matin, tu te demandes ce que tu fous là. La différence c'est qu'aujourd'hui « là » n'est pas ton clic-clac déglingué. Elle dort encore, sans faire de bruit. Pas une seconde tu ne penses à te tirer. Tu attends nerveusement qu'elle se réveille. Qu'est-ce qu'elle dira à ce moment-là ?

— T'es jeune quand même.

Voilà, ce qu'elle dit, avec un léger sourire. Vous restez au lit une heure, sans qu'il y ait de gêne. Sa remarque est déjà oubliée. Elle propose de descendre afin de prendre le petit déjeuner. Dans les escaliers, elle se retourne soudain.

— Tu veux voir ma loute ?

Tu ne connaissais pas cette appellation du sexe féminin. Tu restes planté là, couillon. Tu ne t'attendais pas à ça d'elle. Elle se marre, comprenant la méprise.

— Le film, *Ma loute*, dont je t'ai parlé hier au café.

Tu es rassuré et vaguement déçu. Elle prépare du thé. Tu n'aimes pas le thé. Elle sort des biscottes. Tu n'aimes pas les biscottes. Elle sort du jus de pamplemousse. Tu ne savais même pas que ça existait.

— Ça te va ?

— Parfait.

Voilà, elle commence comme ça, l'histoire.

Un jour, tu ouvriras ta porte et un courrier t'imposera de payer ton loyer, ou ton assurance, ton électricité, ou autre chose. Les mecs sont inventifs. Ce rat, insaisissable, continuera de faire son boucan. Et les chiottes seront toujours bouchées. Tu t'arrêtes donc au PMU, bois quatre pastis et reprends ton chemin. Ton studio est toujours éclairé, tu ne sais pas combien de temps cela durera mais c'est une sorte de soulagement. Tu pourras continuer à noircir tes nuits blanches en jouant à l'écrivain.

Tu n'as cessé de penser à Irène aujourd'hui. Tu lui envoies un message : « Tu es une suite ininterrompue de gestes réussis. » Tu as repéré l'absence de bouquins chez elle, hormis quelques Pierre Rabhi et autres merdes du genre. Elle ne peut donc pas savoir qu'il s'agit d'une phrase de Nick Carraway dans *Gatsby*.

Vous convenez de vous retrouver au cinéma dès le lendemain. Un film sur une prison pour jeunes femmes en Italie. Tu te décides à commencer à t'ennuyer dès maintenant. Pure préparation.

C'est chaque fois pareil, tu es assis peinard sur un banc, tu bouquines en buvant de la bière, tu reluques les joggeuses, et tu es content. La jupe est de retour. Puis un groupe d'étudiants fait son apparition et partage avec tout le monde sa musique inepte via une enceinte probablement volée. Bientôt, il est rejoint par des frangines, et tu n'as pas d'autre choix que de les écouter vaguement. Les corps sont pas mal, mais le texte c'est zéro. Tu penses à ce drame moderne : elles s'habillent toutes comme Diane Keaton mais pensent comme des garagistes. Tu te dis que cela suffit, que tu vas enfin faire quelque chose, que tu regretteras peut-être (tous ces romans policiers te seraient-ils montés à la tête ?), que tu ne peux plus supporter la vacuité heureuse de tes contemporains, que leurs putains de sourires t'humilient, ouais, tu vas faire quelque chose, un jour. En attendant le bon moment, tu continues de lire *Nothing Man*, de Jim Thompson. Un homme, cynique et désagréable au possible, n'a plus de bite. Et ce n'est pas une image. Revenu de la guerre comme ça, le con. Impossible pour lui de prendre sa femme sur la table de la salle à manger. Vivre sans cette partie turgescente, c'est l'enfer, surtout quand on vit à son époque, à cet endroit. Être un eunuque au milieu d'une partouze, ça amuse qui ?

Lui, il prend les choses en main, et pas qu'un peu. Il sait tuer et faire le vide, lui. Tu reposes le bouquin et tu te poses la seule question qui vaille : J'ai une bite, pourtant, moi, alors pourquoi Jim ne me prête-t-il pas ses couilles ?

Voilà, ça te reprend, encore une putain de digression pour éviter de raconter ce que tu as pourtant promis de raconter. Seras-tu donc toujours si lâche ?

Tu l'attends devant le cinéma en fumant une clope. Elle est en retard, alors tu en profites pour réviser les détails de tes mensonges. Ta vie est si différente de celle qu'elle imagine.

Ce qu'elle imagine :

Tu es lyonnais et viens d'arriver à Lille. Voilà pourquoi tu ne connais personne ici.

Tu es riche.

La vérité :

Tu es né ici et tu as vécu neuf mois, l'année passée, à Lyon.

Tu es pauvre.

Ce n'est pas grand-chose, rien qui puisse déboucher sur le plus minime des drames. De toute façon, calme-toi. Il n'y a rien, tu la connais à peine. Elle n'est peut-être même pas en retard et elle te pose un lapin. Qu'est-ce que ça peut foutre ? As-tu vraiment envie de voir ce film italien ?

Vu ton air, tu en as envie comme tu as envie de te faire sodomiser par un taureau. Il en est encore temps. Barre-toi, tout ça n'a aucun sens, aucun avenir. Il te reste environ cent euros. Soit plus de quarante bières à L'Étrange. Après avoir bu la dernière, tu te mettras à chercher du boulot. Libraire ou une connerie comme ça. L'autre fois, tu as eu un entretien d'embauche.

Lucie, une fille amatrice de Jung, venait de te quitter. Tu lisais au parc de la Tête d'Or où, en couturier, tu regardais les robes défiler comme autant de raisons de survivre. Puis tu t'es mis à chercher du boulot et, sans conviction, tu as envoyé une lettre, que tu voulais spirituelle, à une librairie d'occasion du Ve arrondissement. Ça a marché puisqu'un responsable t'a convoqué pour un entretien.

Tu vivais dans une maison séparée en appartements, avec

chiottes communes. Et le jour J., lesdites chiottes étaient en travaux, et toi, tu avais envie de chier. Aucun café dans les environs, alors tu as décidé de chier dans un sac-poubelle. Tu ne sais toujours pas comment tu t'es débrouillé mais tu en as foutu partout. L'amoureux fraîchement éconduit a ramassé ses déjections avec serviettes de bain, chemises, enfin tout ce qui lui passait sous la main. Puis il a bien fallu se débarrasser de tout ça. Tu as ouvert la fenêtre et jeté le sac, rendant ainsi à la rue l'odeur qu'elle t'inspirait.

Et tu n'as pas eu le job.

Irène arrive enfin, s'excuse de son retard et te roule une pelle. Tu oublies Lucie, le parc de la Tête d'Or, le sol maculé de merde, la librairie et l'état de tes finances, et tu souris et tu l'embrasses encore. Aïe, c'est bien plus grave que tu ne le craignais.

Sans surprise, le film est totalement sans intérêt mais tu t'en fous. Tu es bien, là, à côté d'elle. Tu t'empêches de trop l'embrasser et tu as bien du mal. Dans la salle, il n'y a que trois autres spectateurs. Trois âmes solitaires. Tu te demandes ce qu'ils pensent du film et ce qu'Irène en pense, surtout. Ce que tu remarques, c'est qu'elle ne quitte pas l'écran des yeux. À un moment, elle se penche vers toi et te dit que la musique est d'un compositeur qu'elle aime beaucoup. Puis elle revient au film. Depuis le jus de pamplemousse, tu as compris que, ce qui vous séparait, ce n'était pas seulement la blancheur de certains de ses cheveux et la noirceur des tiens. C'est une culture, une façon de vivre. Cela t'amuse et t'angoisse. Déjà, tu ne veux pas la perdre. Ce n'est pas de l'amour, pas encore, mais c'est une envie d'amour. Que vas-tu faire après le film, quand elle voudra dîner quelque part ? Tu seras obligé de te faire inviter. Le mieux serait que vous alliez chez elle. Le pire serait qu'elle veuille que vous alliez chez toi. Tu t'excuses et vas aux toilettes. Tu prends un Seresta 50 et tu te regardes dans le miroir. Tu n'aimes pas ça. Tu es un être purement fictif, alors tu te mouilles le visage. Dans les films, dans les livres, c'est ce que font les hommes dos au mur.

Tu ne sais pas si tu as traîné trop longtemps mais elle t'attend devant les toilettes. Le film est fini.

— J'en ai marre, à part la musique, c'est nul. On va manger quelque part ?

Tu acquiesces et te mets à réfléchir intensément, bien que ce ne soit pas ton fort. Sur ton téléphone, tu consultes ton compte bancaire. Tu peux l'inviter dans un kebab, voire une pizzeria mais pas plus, et après… Mais le jus de pamplemousse, le film italien, la musique classique… Non, ce n'est pas possible. Alors, ça te vient comme ça. Tu lui racontes la raison de ta fuite aux toilettes. Tu y as vidé toutes tes poches dans l'espoir de retrouver ta carte bancaire.

— Et alors, je paie, où est le problème ?

Pour la forme, tu continues à chercher. Tu retournes dans la salle et, à l'aide de la lampe torche de ton téléphone, tu regardes sous les sièges. Tu abandonnes, la mine contrite.

Dans la rue, elle te conseille de faire opposition. Ce que tu fais. Elle te prend par le bras et vous vous dirigez vers le vieux quartier de la ville. Tu commandes une carbonade flamande. Elle, du poulet gratiné au maroilles. Vous deux, une bouteille de vin.

Dans la voiture, elle te dit :

— Un jour, on va pleurer.

Vous faites l'amour et elle s'endort très vite. Toi, tu es assis sur la terrasse. Tu repenses à la phrase de la voiture en fumant une cigarette. Ce qui te plaît, c'est l'emploi du futur. Ce qui te déplaît, c'est qu'elle a sans doute raison. Tu écrases ta cigarette et rentres dans la maison. Tu fais les cent pas. À côté de l'ordinateur, tu vois un pot qui contient un tas de billets de cinquante euros. Sans doute l'argent des cours de piano qu'elle donne au noir. Tu en prélèves deux puis tu retournes dans la chambre. Tu te colles à elle qui se réveille et t'embrasse. Avant de t'endormir, tu te poses la question à cent mille. Est-ce la maison et son argent ou sa présence que tu aimes ?

Vers trois heures du matin, tu te rappelles la fois où tu t'étais retrouvé sans un sou, à Toulouse. Tu avais – véritablement – perdu ta carte bancaire et, au guichet, on refusait de te donner de l'espèce, ta banque n'étant pas domiciliée dans la région. C'est bon ça, très bon. Tu as la solution. Tu n'auras qu'à broder. Cela te fera gagner du temps.

À neuf heures, tu dis à Irène que tu vas à la banque et tu reviens énervé. Tu insultes ces abrutis de banquier et expliques le truc. Elle t'enlace et te prie de ne pas t'en faire. Tu n'as qu'à attendre que l'on t'envoie ta carte chez toi, à Lyon, et tu te la feras envoyer, ou tu iras la chercher. Elle n'a jamais vu Lyon. Ce sera l'occasion…

— On va au marché ?

Vous allez au marché.

Deux semaines que tu n'es pas rentré chez toi. Tout est allé si vite. Tu as même rencontré une partie de ses amis. Ils n'ont pas su réprimer leur surprise quand ils ont vu ta gueule. T'ont d'abord pris pour son petit frère puis, après quelques bouteilles, tu as commencé à faire tes numéros préférés. Imitation d'Aznavour, éloge de Francis Heaulme, discours anti-vélos, etc. Ils ont semblé t'apprécier et Irène était contente. Dans le tas, il n'y avait que des profs d'art plastique, de dessin et de ce genre de truc. Toi-même, tu ne les as pas détestés.

Avec Irène, une routine s'est déjà installée. Tu aimes bien ça. Le matin, tu vas chercher le pain et fais quelques courses. Elle t'a donné le code de sa carte bancaire. Parfois, elle te demande de retirer de l'argent. Parfois, elle ne te le demande pas mais tu en retires quand même. Dans son portefeuille ou dans le pot, tu te sers et passes tes après-midi à boire à L'Étrange. Avec l'argent qu'elle te file, le temps que tu récupères une carte, ça te fait un bon paquet. Tu n'as jamais été aussi à l'aise financièrement. Et tu l'aimes de plus en plus. Tu essaies de te convaincre que ce n'est pas lié.

Tu n'en sais rien.

Tu es en route vers le théâtre de Sébastopol, où une jeune pianiste russe propose un récital. Super, tu penses, en écoutant Michel Jonasz. Tu ne comprends pas que l'on puisse aimer la musique sans paroles. C'est le genre de truc qui te dépasse. Parfois, tu te demandes si tout le monde ne fait pas semblant.

Dans la foule qui se presse devant le théâtre, tu la repères. Elle a cet air triste qu'elle a toujours. Elle est mieux habillée que d'habitude et tout le monde semble avoir fait un petit effort. Sauf toi, bien sûr.

Irène te dit : tu aurais pu faire un effort.

Tu réponds : bien sûr.

À l'entractes, tu te plains d'une douleur à la poitrine et tu prends un taxi pour rentrer. Le chauffeur écoute du rap. Tu lui expliques que tu sors d'un concert classique. Que la musique est sacrée pour toi. Bref, tu lui demandes de baisser le son.

Tu croises Malo, le baiseur fou, et il te traîne chez des amis à lui. Tu parles avec une fille qui a les cheveux bleus. Tu lui demandes comment était le concert d'Indochine. Elle hausse les sourcils et se tire. Tu restes près de la fenêtre, un whisky à la main. La fille aux cheveux bleus revient. Elle te dit qu'elle a trop bu et qu'il faut aller chercher le gâteau.

— J'ai pas de voiture, darling. J'essaie de ne pas participer au désastre écologique. Tu m'excuseras.

La vérité, c'est qu'on t'a retiré le permis pour cause d'ivrognerie. Elle te tend ses clés et te donne l'adresse de la pâtisserie. On y vend des gâteaux en forme de sexe. Tu dois acheter une énorme bite noire, fondant caramel. Leur spécialité.

Cela fait si longtemps que tu n'as pas conduit que tu manques de renverser la moitié de la ville, dont un enfant. Sa mère gueule. Tu lui fais un doigt d'honneur et continues ta route. Tu essaies de trouver une place.

Après une vingtaine de minutes à maudire les cyclistes, les handicapés, les motards, enfin tous ces connards, tu trouves enfin un endroit où te garer. Il n'y a personne dans la boutique.

— Bonjour madame, une bite noire pour quinze personnes. Avec fondant caramel.

— Pour les grosses pâtisseries, il faut commander.

Tu appelles Malo, qui te passe Cheveux Bleus.

— Il n'y a plus de grosse bite noire. Je peux prendre plusieurs petites ?

— Fais un mélange. Bites et chattes.

— Il a chanté *Troisième sexe*, Nicola Sirkis ?

Elle raccroche.

La serveuse te fait un mélange au poil.

Tu manques de tuer un Chinois qui s'est faufilé sur la route, tel un furet. Tu rentres sain et sauf et déposes les gâteaux sur la table. Tu prends une chatte à la fraise. Cheveux Bleus prend les deux. Tu l'aurais parié.

— C'est de la pop ou du rock, Indochine ? Je sais jamais. Elle souffle et rejoint des potes. Un bout de meringue au coin des lèvres. Toi, tu restes là. Seul avec ta chatte à la fraise.

Irène t'a conseillé d'aller voir un psychiatre, alors te voilà devant un type qui porte une barbe blanche, une chemise rouge et un pantalon bleu. Tu aimerais savoir comment il se sent. Il ne te donne pas l'impression d'un homme qui chantonne du Trenet en rentrant chez lui. Tu parles une trentaine de minutes. Cinquante pour cent de mensonges, quarante-cinq d'approximation et cinq pour cent de vérité. Tu repars avec une belle ordonnance. Jusqu'ici, c'était ton médecin traitant qui te filait les vitamines du bonheur.

Et là, ça devient critique, tu as l'impression de vivre avec un chèque en bois et que le jour de l'encaissement, c'est pour bientôt. À la pharmacie, tu es accueilli par un jeune de trente ans, lunettes rondes sur tête à claques. Il te faudra revenir cet après-midi, ils n'ont pas tout.

L'autre jour, tu vas acheter de l'aspirine et les deux portes automatiques sont bloquées. Il était serein, le type. Du style à s'endormir en avion. Tu te demandes comment tant de citoyens peuvent être sous l'autorité de ce genre d'individus.

Tu proposes une clope à tes compagnons de chaîne. Tous déclinent et le pharmacien vous parle de la loi Évin.

Manque de pot pour lui, tu avais vu un documentaire, la veille, sur les condamnés à mort. À quoi cela rime-t-il d'interdire à des cadavres imminents d'inhaler quelques grammes de nicotine ? Puis deux ouvriers sont arrivés et, de l'extérieur, ont tout remis en ordre.

— C'est la première fois que je vois une pharmacie sans la moindre sortie de secours, avait dit l'un.

— Moi pareil, avait confirmé l'autre.

— Mais ils sont au poil sur la loi Évin, tu avais fait remarquer.

Bref, quinze heures, tu y retournes et lui rappelles l'histoire des portes, histoire de se marrer un peu. Il a déjà tout préparé. Tu enfournes les boîtes dans ton sac, sauf celle de Selincro, un truc censé te faire arrêter de boire. Théâtralement tu la jettes sur le comptoir et tu fais : POURBOIRE.

Belmondo, c'est ce qu'il aurait fait, tu penses. Et tu vas boire un verre à L'Étrange.

Tout le monde est là. La discussion porte sur les Chinois qui se ressemblent tous. L'assemblée acquiesce, même Nanou qui est en train de couper du fromage. Elle met l'assiette sur le comptoir. On se sert. C'est du fromage honnête mais sans génie. La discussion sur ces gens qui se ressemblent tous se poursuit. Tu sais qu'ils attendent ton point de vue. Tu es un peu l'intello, ici. Une pointure. Un caïd. Tu affectes un air dégagé et altier, le poing serré sous le menton, puis, après une longue gorgée de Jupiler, tu prends la parole.

— Les trisomiques et les nains sont également difficiles à différencier.

Chacun approuve silencieusement avec dans le regard des « Y a du vrai dans qu'est-ce qu'il dit ». Régis, le garagiste retraité, sort de sa réserve. Il dit que sa petite-fille est trisomique. Il semble ému. Plus personne ne parle. Les yeux sont plongés dans la bière. Robert tape sur le dos de Régis, qui reprend la parole, difficilement.

— C'est formidable, le roquefort.

La mère de ta cousine vient de passer l'arme à gauche. Elle faisait une purée extraordinaire. C'est ton petit-cousin, cinq ans, qui t'ouvre la porte. Il te dit à peine bonjour et tu ne le salues pas en retour. Ce petit con et toi avez un différend. Une histoire de galette des rois et de fève gagnée sans honneur. Tu l'avais vue trafiquer, ta cousine. Tu n'avais d'abord rien dit. Mais, quand il a commencé à se la raconter, avec sa couronne royale, tu t'es détraqué. Après la lui avoir ôtée de la tête, tu l'as déchirée. Tu n'es pas du genre à te laisser faire. Puis tu avais jeté la fève par la fenêtre. À cette époque, il devait avoir deux ans, et il pleurait comme un veau. Tu as eu du mal à lui expliquer que tu ne lui en voulais pas.

— Mes condoléances, cousine, tu fais en l'embrassant sur ses joues crème Nivea (et en laissant balader tes mains).

— Merci, N.

— Elle faisait une purée extraordinaire.

— Ouais.

— T'as pas une bière au frais ? je crève de soif.

Elle te sert ta bière et te parle des dernières heures de sa mère. Cela manque d'émotion, de drame, de théâtre. Et surtout de détails. Cette histoire n'a aucun intérêt. Le faux roi joue avec ses Playmobil. Tu lui demandes s'il les a volés ou s'il les a mérités. Ta cousine te demande de passer à autre chose.

— Tu sais, moi, j'ai jamais eu la fève. Tu aurais pu la mettre dans ma part à moi. En plus, tu sais que je préfère la pomme à la frangipane. C'est pas ta mère qui aurait fait un truc pareil.

Charles IX fait remarquer que, cette année, il ne l'a pas eue. C'est son petit frère qui a obtenu la couronne.

— Quel petit frère ? il délire, Pépin le Bref.

— J'ai eu un deuxième enfant, il y a deux ans. Il fait sa sieste, là.

— Félicitations.

Tu te tires. Tu as envie de manger une purée. Tu as envie de sauter ta cousine. Tu as envie de tuer son gamin. Tu as envie d'avoir la fève. Bref, un samedi matin comme un autre.

Tu reçois un SMS. Tu as un entretien d'embauche dans une librairie. Tu ne te souviens pas d'avoir proposé tes services mais tu n'as rien de mieux à faire. Tu confirmes ta présence, te douches et mets une chemise.

— Il y a un trou d'un an sur votre CV.

— C'est exact.

— Comment l'expliquez-vous ?

— Je ne travaillais pas à ce moment-là.

— Pourquoi ?

— Chômage.

— Selon vous, pourquoi devrions-nous vous choisir, vous ?

— Je n'en sais rien.

— Très bien, monsieur, on vous rappellera.

De bonne humeur, tu te rends à la caisse d'allocations. Ils ont des aides pour les gens comme toi et tu as préparé un dossier. Ça fait trois mois qu'il végète dans ton sac. La femme qui t'accueille dans son bureau semble être la sœur jumelle de la patronne de la librairie. Pas baisable du tout.

— Vous êtes célibataire ?

— Oui.

— Des enfants ?

— Non.

— Des problèmes de santé ?

— Une angine. Ça fera six ans en septembre, le 4, je pense.

Cette femme, milieu de la quarantaine, étonnant mélange entre Jackie Sardou et Balladur, te pompe l'air. Bientôt elle te demandera ta pointure ou la profession de ta tante Rachelle. Ce genre d'entrevue, estampillée administration française, te laisse sur le carreau, des idées d'homicides plein la tête.

— Vous avez apporté vos pièces justificatives ?

— Devant vous.

Elle semble vaguement déçue. Pour une employée de ce genre, l'interlocuteur idéal est celui qui n'a pas les bons papiers. Facile à envoyer promener, aucune contestation possible. Elle pianote un temps sur son ordinateur.

— En l'état, je ne peux rien faire pour vous.

— Quelle surprise.

— Revenez le mois prochain.

— Pourquoi ?

Elle ne s'attendait pas à cette question, aussi elle ne répond pas. Évidemment, elle ne peut pas te dire la vérité. Même si tout le monde la connaît.

Imaginez un peu :

Mon seul but, c'est que la chaise en face de moi soit occupée. Tout emploi fictif a besoin de « clients » fictifs, sans quoi on se retrouve au chômage. Plus de boulot : plus de sous. Plus de sous : plus de vacances. Plus de vacances : plus de photos. Plus de photos : plus de compte Instagram. Je ne peux pas me le permettre. Tout ça, monsieur, n'est qu'un film au scénario bancal, façon Lelouch, dans lequel vous figurez – gratuitement bien sûr.

Tu regardes la photo de ses gosses sur son bureau. Ils sont particulièrement laids, eux aussi. Si un jour ils se noient dans quelque piscine, pourvu que le maître-nageur, employé fictif par excellence, ne sache pas nager.

L'entretien se finit comme ça. Tu n'es pas plus avancé qu'il y a une heure. Tu n'es même plus certain de ce que tu es venu chercher. Tu fumes un cigarillo sur un banc. Puis tu te diriges vers L'Étrange, tu l'as bien mérité.

Tu as accepté une invitation à déjeuner chez ta mère. Après tout, te dis-tu, elle a peut-être changé depuis tout ce temps, ses cancers à répétition et simplement l'âge qui rend certaines personnes meilleures. Il pleut fort et tu te demandes si les inondations qui ravagent l'autre côté de la frontière, à une vingtaine de kilomètres, vont arriver jusqu'ici. Tu te demandes aussi ce que cela changera pour toi et tu arbores un petit sourire triste : rien, rien ne pourrait changer pour toi.

Ta mère t'accueille avec un pyjama en laine des plus moches. Cela te fait rire et te réconforte. Tu aurais détesté qu'elle se mette sur son trente et un. Une mère doit-elle faire des efforts pour déjeuner avec son fils ? Dans le canapé, il y a ton beau-père, qui lit un magazine sur les voitures de collection. Il te salue d'un bref signe de la main. Tu penses : voilà, il est tout à fait inoffensif désormais.

Vous prenez l'apéritif dans le salon : une bière pour toi, un ricard pour lui et un verre de porto pour ta mère. La discussion est laborieuse, chacun étant conscient qu'il n'a rien à dire qui peut intéresser l'autre.

Tu profites d'un silence trop pesant pour aller fumer une cigarette dans le jardin et contemples cette pelouse sur laquelle tu n'as jamais pu jouer. Ta mère estimait qu'un enfant qui joue dans l'herbe est un enfant qui abîme l'herbe. Ce qui n'est pas dénué de bon sens. Puis tu vois une petite boule noire tout au fond, près de la cabane, sans doute un chat errant. Mais le chat errant se met à aboyer et tu conclus qu'il s'agit un chien. Tu t'approches et l'examines, il n'est pas bien vieux, et il s'amuse comme un fou à creuser un trou. Le veinard ! penses-tu. À ce moment précis, tu sais que tu n'aurais jamais dû venir.

Le déjeuner, rosbif et croquettes de pommes de terre, est bon. Tu manges très vite, très vite, et beaucoup, pour ne pas avoir à parler. Et tu te lèves, d'un bond, pour aller vomir. Tu te mets à pleurer au-dessus de la cuvette. Tout te revient, comme un boomerang qui, après un quart de siècle, réapparaît.

Tu retournes à table et tu t'excuses : « J'ai avalé de travers. » C'est alors que tu constates que la vaisselle est déjà débarrassée. Ta mère ne te regarde pas, absorbée par les motifs de la nappe, quant à ton beau-père, il te dévisage et allume la télé.

Tu te forces à manger une glace et à commenter les dernières péripéties gouvernementales. Puis c'est trois heures. Une heure acceptable pour se casser. Un providentiel virus te permet d'éviter la bise et la poignée de main.

— À bientôt, dit la mère.

— À bientôt, dit ton beau-père.

— À bientôt.

Le froid te mord la peau. Tu cherches quelque chose à faire. Le tour de ton répertoire téléphonique ne te prend pas un temps incroyable. Tu te fais vite une raison : l'entreprise est compliquée ; ton répertoire est composé de gens morts, mariés ou de mères de famille – tout cela est abominablement proche.

Tes amis te rappellent chaque jour ta différence, toi le type sans ambition, sans amour, sans projection. Pour sûr, même s'ils ne te le diront jamais, tu es une forme humaine qui recense leurs peurs les plus vives : la solitude, la marginalisation, l'isolement, l'alcoolisme, la mort prématurée.

Tu prends un train. Bruxelles te paraît alors comme la solution : seules les putes savent pourquoi elles baisent.

Tu essaies de lire un livre de Philip Roth. À la place, tu assistes à la défaite de notre civilisation personnifiée par cette famille qui te fait face.

Le père est d'une vulgarité telle que tu l'imagines sans peine ronger son frein dix mois durant pour le simple plaisir de s'occuper des merguez lors des barbecues estivaux.

La mère, elle, semble porter sur le visage de sombres responsabilités ; plus vraisemblablement elle n'a rien fait d'autre de sa vie que de renifler de la merde dans des couches achetées en gros lors de promotions proposées par son supermarché favori.

Quant aux enfants, deux filles, un gars, aux prénoms américains et à l'intelligence réduite au néant, ils paraissent sortir tout droit d'un sitcom des années quatre-vingt.

Quand le train vous jette à Bruxelles, tu te rends dans la rue des Africaines, celle où la passe est à vingt euros, contrairement à la rue des Blanches, où il faut débourser cinquante euros. Elles sont souvent critiquées, dans le milieu, mais qui ferait une bonne pipe pour vingt euros ?

Tu te tires dans la rue d'Aerschoot, là où des Mexicaines et des Ukrainiennes se pavanent en vitrine et en string, offrant à ta vue un spectacle aussi obscène qu'émouvant – fidèle représentation de ta vision du monde.

Avant de faire ton choix, tu t'arrêtes dans un peep-show. Tu fais de la monnaie pour aller en cabine. Une rousse aux cheveux filasse fait des ronds avec son cul. Quand elle se tourne vers toi en se doigtant, ça commence à te chatouiller ; la vacuité du sexe féminin est un mystère. Tu es comme Roth : fou de la chatte. Tu parviens à bander quand la vitre de ta cabine s'obscurcit. Tu hésites entre remettre un jeton ou aller baiser et tu vas baiser.

Tu es dans le bus et une jeune femme blonde monte avec sa copine (brune). Elles portent, toutes les deux, l'un de ces tee-shirts qui laissent voir le nombril. La blonde s'enquiert de ses horaires de travail et en fait profiter tout le monde. Lundi onze heures à quatorze heures, dix-huit heures à vingt et une heures, mardi dix-neuf heures à vingt-trois heures. Elle doit travailler dans un fast-food. Mercredi onze heures à quatorze heures, seize heures à vingt heures. Jeudi…

— Excusez-moi, tu fais, vous ne voyez donc pas – et tu agites ton bouquin.

Mais rien ne peut l'arrêter. Elle est de ceux qui savent superbement ignorer la présence alentour d'individus qui se contrefoutent de leurs histoires. Tu descends avant ton arrêt. Tu t'assieds sur un banc et essaies d'avancer dans ta relecture de *Nuit de fureur*. Mais sur le banc d'à côté il y a une femme et son fils aveugle. Plus rien ne t'importe maintenant. Tu réfléchis au pourquoi de cette iniquité.

Tu replonges dans Thompson. C'est comme revenir à la maison (et c'est la meilleure sensation que peut ressentir un semi-clodo dans ton genre). Ton ventre gargouille un peu.

Tu ne vas pas tarder à rentrer. Mais pour l'instant, tu restes dans la ville, au milieu de jeunes femmes volubiles, d'enfants aveugles et de mères désagréables, un Thompson à la main. C'est là, ta place.

C'est l'anniversaire d'Agathe, une amie d'Irène. Elle a invité à déjeuner une vingtaine de personnes dans sa maison sur la côte. Il suffit de descendre cinq marches et c'est la plage. Aussi tu passes ton temps à fumer des clopes sur la digue. Dans les romans et les films, ça a toujours de la gueule, un type qui fixe l'horizon. On se dit qu'il est en pleine discussion métaphysique avec lui-même. Toi, rien ne te vient. D'ailleurs, ce n'est pas vraiment l'horizon que tu regardes. Tes yeux fixent un chien en train de chier. Bien sûr, sa maîtresse ne ramasse pas. Plus loin, un vieux essaie de suivre le rythme imposé par ses petits-enfants. Un homme et une femme se prennent en photo. Tu penses à la chanson de Souchon. La mer du Nord en hiver qui sort ses éléphants gris-vert. Et tant pis si c'est bientôt l'été.

Tu rentres dans la maison et tu te sers un whisky. Des invités sont déjà partis et tu les envies. Retour à la plage. Ça doit être bien d'habiter ici, tu te dis. De la maison te parviennent des rires. Les invités restants semblent s'amuser. Toi, tu dois avoir l'air un peu con, encore une fois pas à ta place. Tu finis ton verre.

Ce soir tu as délaissé L'Étrange pour un autre bar, plus excentré, un bar où Irène ne va jamais. Ce soir, elle fête l'anniversaire d'une autre amie. Tu as prétexté un mal de tête pour ne pas y aller. Tu y es peut-être allé un peu fort, dans tes prélèvements, ces derniers jours. L'autre matin, elle a reçu son relevé de compte. Quand elle l'a ouvert, tu t'es dit : ça y est, je suis foutu. Et elle l'a jeté à la poubelle. Pour sûr, ça t'a donné confiance en toi. Tu méprises sa naïveté.

Tu parles à une fille au comptoir. Désormais, tes mensonges seront les mêmes pour tous. C'est ta nouvelle règle. Ta passion pour les vies parallèles s'en trouve contrariée. Mais tu n'as pas le choix. La fille est jeune et s'appelle Romane. Elle attend un ami. Tu lui sors un tas de conneries sur la littérature. Dans ta vie du moment, tu es diplômé en lettres modernes. Comme elle n'a probablement jamais rien lu, sinon le manuel de son micro-ondes, elle te prend pour un mec brillant. Elle est métisse, père camerounais et mère française. Vous flirtez un peu mais tu ne vas pas trop loin. Tu voulais simplement vérifier cette loi éternelle : quand on est seul, personne ne veut de vous, quand on ne l'est plus, tout est possible.

Tu paies tes consommations et tu t'en vas. Irène t'appelle. Tu ne réponds pas, il y a trop de bruit autour, et à ta voix elle comprendrait que tu as picolé et donc menti. Et tu le sais : il suffira d'un seul doute pour qu'elle se mette à réfléchir et comprenne la vérité. Tu ne peux pas te le permettre. Hier tu as voulu rentrer chez toi mais la serrure a été changée. Maintenant, c'est Irène ou la rue.

Lille, extérieur nuit. Dans le bois, près de la Citadelle. Pourquoi es-tu venu ici, hors de la civilisation ? Tu sais que là-bas, où tu t'enfonces, il se passe des choses pas claires : des femmes munies de phallus, des clodos qui baisent entre eux, des violeurs qui déambulent matraque à la main, etc. Un rat te passe sous le nez. Irène dort profondément à cette heure-ci, tu devrais la rejoindre mais tu n'en as pas envie. Tu es las et déprimé.

Au loin, tu entrevois un peu de lumière et entends des bruits difficilement interprétables. Tu t'avances (« Tu trembles, carcasse, mais tu tremblerais bien davantage si tu savais où je vais te mener »). Des lampes torches sont allumées. Un mec est en train de se faire mâcher les couilles par un être dégenré.

— Salut, tu fais.

Sorties de nulle part, trois personnes (dont une femme) s'approchent de toi.

— Salut, tu fais à nouveau, je me suis perdu, savez-vous où se trouve la gare Lille Flandres ?

Et tu te mets à courir.

Irène, sur le futon, ressemble à une petite fille dans un dessin animé japonais.

Vous êtes dans le fauteuil, devant la télé. Tu es d'une humeur de chien. Un mal de dents en est le seul responsable.

— Va chez le dentiste.

— Je les hais, ils considèrent leurs patients comme des gosses qu'il convient de border quand ils ne se soignent pas assez les dents. Et bien que je me brosse toujours les dents, je n'ai pas toujours de dentifrice.

— Fais ce que tu veux.

Elle n'a pas mal aux dents mais elle aussi est de mauvaise humeur. Ce que tu veux ? Une bière, que tu vas chercher dans le frigo. Irène, de plus en plus, semble se demander ce que tu fais dans sa vie. Ta tête menace d'exploser et tes dents continuent à te faire souffrir.

Elle est branchée tennis et tu n'as pas protesté quand elle a mis Roland-Garros. Un Suisse affronte un Français et il est évident qu'il va le pulvériser. Ce qu'il fait en trois sets, sans bavure.

Il y a une interruption, alors le caméraman filme les spectateurs. C'est un spectacle étonnant.

— Le grand malheur avec le terrorisme, c'est qu'il ne tape jamais au bon endroit.

— …

— Tu imagines un peu comme il faut être barge pour avoir passé sa vie à tenter de devenir riche et finir, par ennui, en spectateur d'un sport que t'aimes pas, pratiqué par des gens qui sont encore plus riches que toi.

— …

— Regarde un peu derrière l'arbitre, la jeune Asiatique avec le mourant. C'est Bangkok en plus cher. Il va crever comme Félix Faure. Il aura même pas le temps de s'apercevoir qu'il est en train de passer l'arme à gauche que son sperme sera déjà recraché par cette pute qui arborera, pour la dernière fois, un dégoût immense en mâchouillant sa semence. Dégoût atténué par la promesse d'un avenir radieux et débarrassé des problèmes pratiques.

— …

— …

— …

— Commentateur sportif est un métier abject, comme tous les métiers d'ailleurs, regar…

Tu es invité chez un jeune écrivain. Il a publié deux livres, deux polars régionaux. Tu n'as rien de mieux à faire, alors tu te tapes la ligne 2, presque entièrement. Le connaissant, tu sais qu'il peut décommander à tout moment. Mais, alors que tu dépasses Jaurès, il t'envoie un message pour te dire qu'il vient de se réveiller. Une douche, un rail et il t'attend. Nickel, penses-tu, une soirée de gagnée contre la solitude.

Son interphone est cassé, alors il vient te chercher en bas, les cheveux en bataille, l'air fou, l'haleine déjà chargée de vodka. À peine assis, il apporte quatre bières et prépare deux lignes. Vous trinquez, il sniffe, et vous commencez à parler de vos activités respectives. Pas à un mensonge près, tu lui dis que tu as fini une sorte de roman, enfin un truc avec un début, un milieu, une fin, avec trois ou quatre personnages, du sexe et du crime. Ouais, une sorte de roman. Comme toujours, il se met à cracher sur son éditeur et son attachée de presse qui, selon lui, le privent de la notoriété qui lui est due.

Entre chaque bière, il sniffe une nouvelle ligne et, au hasard, vous vous attaquez à tel ou tel écrivain. Sur son ordinateur, il te montre les premières pages de son prochain roman. C'est affligeant de nullité.

— Formidable, tu fais.

Toi, tu voudrais parler d'autre chose. Écouter de la musique. Boire. Il change de drogue et toi tu restes à la bière. Tu sais que les soirées ici se finissent tard le lendemain.

L'autre fois, c'était la nuit de ton anniversaire et il s'était mis en tête de te payer une pute. Il devait être quatre heures du matin et il en avait passé deux à écumer tous les sites d'escort girls. Tu l'avais laissé faire, sachant qu'il ne trouverait personne. Simple délire de camé. Quand il a abandonné ses recherches, il a commandé une pizza et t'a proposé de regarder un porno. On pourrait se branler mutuellement avait-il proposé, le plus simplement du monde. Vous vous étiez mis d'accord sur une calzone.

Pour qu'il cesse de te parler de cette chroniqueuse radio qui détruisit son premier roman, tu lui rappelles cet épisode. C'était une bonne soirée. Il te fait un sourire qui ne te dit rien qui vaille.

— J'ai invité une fille, elle arrive dans une heure.

Une heure et dix bières plus tard, il descend. Tu entends quatre pieds dans les escaliers. Tu sèches une autre bière. Ce n'est pas une fille. Tu lui serres la main et il se dirige vers la salle de bains.

— Tu ne m'as pas dit que tu avais aussi invité un mec.

Il te fait un clin d'œil et c'est bien une fille qui sort de la salle de bains. Bordel, tu penses. Elle porte une robe transparente et pivote pour nous faire voir son cul ficelé. Tu abandonnes le canapé pour la laisser s'asseoir à côté du jeune écrivain interlope. Il prépare deux rails et ouvre une bouteille de champagne et une autre de vodka.

— Voici N., c'est mon ami, il est écrivain aussi, enfin bientôt il sera publié j'espère, et on fête avec un peu de retard son anniversaire.

— Enchantée, moi c'est Iris.

— Ouais, tu réponds.

Le jeune écrivain interlope branche son rétroprojecteur et lance un porno. Tu lui fais remarquer que ce n'est pas forcément nécessaire. Que le champagne te convient parfaitement. Iris ignore tes molles protestations et choisit elle-même le porno. Bon choix, ma foi, un truc hétéro pas dégueulasse. Alors que tu vides la bouteille de vodka, elle explique qu'elle se met tout le temps à la place de la nana qui se fait baiser et qu'elle n'a qu'une hâte : qu'on lui tranche la bite. Le jeune écrivain interlope, à ta grande surprise – et finalement pas tant que ça –, est bien renseigné sur la chose.

— Même quand tu auras une chatte, tu continueras à te faire enculer.

— Oui, sûrement, mais je n'aurai plus de bite.

Toi, tu te demandes ce que tu as foiré dans ta vie pour te retrouver dans ce genre de situation. Tu aimerais être Jim Harrison, avoir un petit chalet près de l'océan, où tu pêcherais tôt le matin et écrirais la nuit, recevant de temps en temps une nymphette désireuse de se faire tringler. Mais tu es ici et elle commence à le sucer.

— Bon, je me tire, amusez-vous bien.

— Surtout, raconte jamais cette soirée, il te dit en rigolant.

— Évidemment. Pour qui tu me prends ?

Tu as également fait croire à Irène que tu écrivais un livre. Un recueil de nouvelles pour un grand éditeur. Elle en est fière. D'ailleurs, elle l'a dit à tout le monde. À L'Étrange, tout le monde t'appelle « l'écrivain ». Elle t'a demandé si elle pouvait te lire. Tu lui as dit d'accord, mais une seule nouvelle alors. Trois jours sans la voir. Elle te croit à Paris. Rendez-vous avec une éditrice et autres mondanités. Tu as la gueule de bois. Crainte de croiser l'un de ses amis. Tu es dans le flou. Tu te souviens de derniers verres, au petit matin, qui, en fait, n'étaient pas les derniers. Tu te souviens d'avoir acheté un livre (et de l'avoir perdu), d'en avoir volé un autre (et de l'avoir perdu). D'avoir, dans un club libertin, baisé avec une quadra particulièrement moche. D'avoir joui dans la bouche d'une autre, particulièrement blonde. Et, enfin, de t'être rendu compte un peu trop tard qu'une femme n'était pas vraiment une femme. Sinon, rien de bien précis. Tu veux rentrer maintenant. Mais tu n'as pas le courage de prendre le métro. Ton ivresse se tire mais les stigmates sont là. A-t-on envie d'être regardé dans le métro quand on porte sur soi tout le poids de la décadence ?

Tout à l'heure, tu as fait une tentative infructueuse. À Rihour, tu as pris un ticket puis attendu sagement que le métro se pointe. À côté de toi, deux filles discutaient. L'une d'elles a commencé sa phrase par « j'ai écouté un podcast ». Tu es remonté dans la ville. Cette aventure ferroviaire te rappelle ce matin, ou hier après-midi, ou tout à l'heure (ce qui est pénible avec l'alcoolisme, c'est cette manie qu'on a de se transformer en personnage de Modiano). Bref, il y avait une queue immense, d'environ douze mille personnes, devant le Furet du Nord composée uniquement d'étudiants bien habillés et aux yeux saturés de vide. Tu as demandé à l'un de ces types ce qu'il foutait là. Il t'a répondu que ce n'était pas pour lui, que c'était pour sa copine. Tu as pensé que cet abruti se souviendrait toute sa vie qu'il a attendu sept heures trente pour faire signer un bouquin sans intérêt pour une fille qui n'en avait pas plus. Tu es peut-être un peu trop amer.

Quand tu rentres, vous faites l'amour sur le canapé et elle te demande si elle peut enfin lire l'une de tes nouvelles. Tu t'y attendais alors, hier, tu as écrit une connerie.

Elle n'aime pas. Tu le prends mal, comme si tu avais vraiment un livre à rendre et que cela te peinait ! Pour qui elle se prend, tu te demandes. Elle n'y connaît rien. De façon théâtrale, tu allumes une cigarette et elle monte. Tu ouvres une plage blanche et écris une autre nouvelle. Bizarrement, c'est assez fluide, c'est presque facile. Même écrire de la merde n'est pas à la portée de tout le monde.

Un oiseau t'a réveillé. Il est déjà sept heures et tu en as dormi quatre. La journée commence bien. Tu ressens ce que les autres doivent ressentir lorsqu'ils font une grasse matinée. La boulangerie en bas provoque tes narines. Tu bois un verre de lait et allumes une cigarette. Dans ta tête, une chanson de Berger.

Quelque chose de beau doit nous arriver
Quelque chose de fort doit nous faire changer
Quelque chose qui nous ferait suivre un tout autre chemin.

Cela te ramène dans ta chambre, il y a quinze ans. Devant ton poste CD. Passant tes samedis à écrire, dans tes cahiers d'école, les paroles de ses chansons. Il fallait sans cesse mettre « pause ». Relancer la chanson. Souvent, tu as dû te tromper, entendre des mots qu'il ne prononçait pas. Hier, comme aujourd'hui, c'était une présence rassurante. Pendant longtemps, tu t'es habillé comme lui : chemise sous un pull avec coudières. Tu avais cette impression, confuse, que c'était un adulte à qui l'on pouvait faire confiance.

Tu allumes une autre cigarette et tapes son nom dans Spotify. *Pour me comprendre*, *Lumière du jour*, *L'enfant triste*, *Seras-tu là*, *Y a vraiment qu'l'amour qui vaille la peine*, *Que l'amour est bizarre*, etc.

Maintenant, tu as envie de lire Carver. Quand tu as découvert ses nouvelles, tu l'as tout de suite associé à Berger. Sans doute est-ce à cause de la simplicité des mots, à la proximité qu'ils installent directement entre eux et nous, leur façon de parler de « nos amours qui flambent, nos raisons qui tremblent, nos destins qui tellement se ressemblent ». Tu n'en sais rien. Irène est sous la douche, elle ne va pas tarder. Tu en écoutes une dernière.

Elle danse dans son silence quand elle s'ennuie
Elle vit l'indifférence et elle oublie
Quand elle croise un visage qui lui sourit…

Elle descend et tu aimerais pouvoir l'aimer comme on aime dans une chanson de Berger.

Tu viens d'achever une autre nouvelle, tu penses à la faire lire à Irène mais ne le fais pas. Elle pourrait commencer à te trouver inquiétant. Tu vas te coucher. Pendant de longues minutes tu songes à ce que tu as écrit. Tu en es plutôt content. L'écriture pourrait être une porte de sortie intéressante quand l'aventure Irène sera terminée. Dans ta prochaine vie, tu pourrais jouer à l'écrivain maudit. Désormais, ton existence se résumera à cela : faire semblant de ne pas être une épave ordinaire.

Irène fait une sieste. Tu te frottes à elle. La dureté de ta queue la réveille et elle marmonne. Tu en déduis qu'elle ne veut pas. Si les premières semaines vous avez beaucoup baisé, vous avez désormais la vie sexuelle d'un couple qui a fêté ses quarante années de mariage. Cela ne fait que trois mois. Tu descends boire une bière.

Tu relis des nouvelles de Fitzgerald, de Carver et de Yates. Tu revois *Une femme est une femme* de Godard et réécoutes *On s'aime pas* de Souchon. Tu te demandes si l'amour n'est pas une invention humaine pour ne pas dîner en solitaire. Si les questions pratiques – les loyers, les vacances – ne prévalent pas sur tout le reste. L'amour seul ne s'évaporerait-il pas à une vitesse folle ? Voilà à quoi tu penses, en fumant une cigarette sur la terrasse. Tu l'écrases en haussant les épaules : tout cela ne te regarde pas.

Les soirées avec les amis d'Irène se multiplient. La plus belle est celle du soir du deuxième tour de la présidentielle qui oppose un illustre inconnu à une illustre salope. Vous êtes dans le duplex d'Agathe. Au public présent, tu offres une de tes meilleures prestations. Ton numéro sur les chattes épilées remporte toujours un certain succès. L'alcool, cependant, manque et tu dois puiser dans ton sac à dos, qui ne te quitte jamais, une bouteille d'absinthe venue d'Espagne. Ce qui conforte l'idée, dans l'esprit de l'assemblée, que tu es un véritable ivrogne. Un Blondin, un Choron, un Gainsbourg. Tu leur récites des poèmes, chantes faux de vraies chansons – de celles qui te plaisent, c'est-à-dire celles qui ont cessé de plaire à la fin des années soixante.

Un fait bizarre se produit. Tu demandes à Agathe où se trouve le chat. Tu n'en as rien à faire mais elle en cause tellement que ça ne coûte rien de jouer à l'intéressé. Il est en haut, te répond-elle, et vous montez. Le chat est bien là, un chat quelconque. Comme pour les êtres humains, nous nous plaisons à imaginer qu'il existe une variété infinie de morphologie, de physiques, alors que les animaux se ressemblent tous.

Quelques variations à peine. Vous restez sur le lit à regarder ce chat ne rien foutre. Il est d'une flemme exemplaire, aussi tu le prends en affection. Agathe pose sa main sur ton genou. Sur ses lèvres, un rouge dangereux.

En titubant, tu rentres chez Irène. Elle t'a devancé. Tu sens poindre la crise de nerfs mais ça finit toujours au pieu donc cela ne te dérange nullement. Tu n'as jamais été un fanatique du sexe. On peut même dire que la chose t'emmerde. Le fait que tu n'aies connu auparavant que des putes explique peut-être cela. Mais le corps d'Irène, bien que vieillissant, t'offre un apprentissage de la femme assez complet.

Elle te fait la crise promise et vous baisez au petit matin. Pour la première fois, alors que tu l'as mise sur le ventre, tu peux la soulever et la pénétrer par-derrière. La vue de son dos courbé et de son cul te remplit de joie. Et tu éjacules dynamiquement dans sa chatte velue. Elle met du temps à s'essuyer. Tu t'endors très vite.

À ton deuxième réveil, une furieuse envie de boire t'envahit, il est treize heures, une heure somme toute acceptable pour s'adonner à la dive bouteille. Tu sais cependant que ta prestation alcoolisée de la veille déclenchera une belle dispute lorsque le tire-bouchon se trouvera dans ta main. Tu bois tout de même la moitié d'une bouteille de rouge et tu vas vomir les restes de la veille. Une douche s'impose. Nettoyer les traces de son alcoolisme est un déchirement. Tu t'y résous malgré tout.

La libraire porte une jupe et a des yeux verts. Tout cela lui va à merveille. Tu te demandes si elle boit du vin, les jambes croisées, en disant des choses futiles sur la vie, l'art et la mort.

Tu aimes croire qu'il existe, au milieu du désastre universel, des héroïnes de Woody Allen. D'ailleurs, tu penses t'offrir son autobiographie mais c'est à l'étage, ce territoire hostile où des milliers d'étudiants viennent, aux frais de l'État, s'acheter des mangas. Tu renonces. Ton moral est bas : tout à l'heure, tu t'es aperçu que tu n'avais plus de sucre roux à mettre dans tes Gervita, et les larmes sont montées. Il est plus prudent de rester ici, au milieu des livres. Tu regardes une dernière fois ses jambes, tu règles ton Larry Brown et ciao.

Tu le commences à la terrasse d'un café. Tu t'y sens bien, dans ce bouquin : c'est *Short Cuts* avec des personnages de roman noir. Larry fait se rencontrer des hommes et des femmes dont les vies ne ressemblent plus à rien. Des putes, des criminels, des escrocs, des vieux aux bites endormies. Une sacrée faune qu'il te tarde de retrouver. Mais pour l'heure tu as faim.

C'est un truc à hot dog. Derrière le comptoir, une fille de vingt ans au regard bovin prend ta commande. Tu lui fais : un hot dog, s'il vous plaît. Elle te demande de préciser. Il y a une quinzaine de possibilités. Un menu truffé de noms improbables. Tu veux simplement une saucisse dans du pain, avec de la moutarde et des oignons.

— Ce qui s'en rapproche le plus, c'est le Sweet.

— Ce qui se rapproche le plus de ma demande c'est un hot dog, tu réponds.

Elle ne dit plus rien et semble désolée. Elle ne peut rien faire pour toi : ce que tu demandes n'est pas à la carte. Tu prends un Sweet, un coca et une carafe d'eau. Tu fais un tour aux toilettes. Sur la lunette, il est écrit : « Vise bien gros. » Voilà où tu en es : tu t'apprêtes à manger un Sweet et tu te fais tutoyer par des toilettes. Tu sors ta queue et libères tes bières du jour. Tu réussis parfaitement ton coup : aucune goutte ne touche l'eau.

Elle te demande si tu t'ennuies. Que veut-elle que tu fasses d'autre ? Tu bois l'affreux punch qu'une blonde à tresses africaines a cru bon de concocter puis tu te mets à la recherche d'une bouteille de whisky.

Dans la cuisine, il y a l'organisateur de la sauterie. Il te dit qu'il n'y a pas de whisky et il enchaîne sur la cryptomonnaie. Il te tend son joint et tu la vois : une vieille boîte à café poussiéreuse. À côté, la photo d'une vieille dame.

— C'est ma grand-mère, il fait.

— Ah. Et la vieille boîte à café ?

— C'est ma grand-mère aussi.

— Comment ça ?

— Ce sont ses cendres.

— Pourquoi ses cendres se trouvent dans une boîte à café, dans ta cuisine ?

— Bah, parce qu'elle est morte…

Tu lui rends son joint et te tires. Tu diras à Irène que tu te sentais mal. Sa réponse n'était pas totalement stupide, après tout. C'est ce que tu te dis dans ce bar à bière de la rue Royale. La serveuse porte un pantalon en cuir et a un grain de beauté sur le bord de sa lèvre supérieure. Tu essaies d'engager la conversation. Puis abandonnes.

Tu termines ta nuit dans une boîte pleine d'homos, de trans et de filles peu vêtues. Tu bois une bière au comptoir et un type te demande si tu peux lui payer un verre. Il n'a pas une thune. S'il a sa carte d'électeur, c'est tout récent. Il te raconte qu'il est en transition. Pour résumer la chose : l'idée est de se débarrasser de sa bite.

— Tu n'as pas de quoi te payer une bière mais tu vas t'acheter une chatte ? Ça coûte combien d'ailleurs, une chatte ?

Il t'explique un peu le truc, tu lui paies une bière et tu quittes le comptoir pour aller voir de près le corps d'une fille qui ne sent pas le papier bible. C'est de la triche, tu penses : juste un corps jeune et bien entretenu. Irène est bien au-dessus. Tu la troncherais volontiers quand même. Elle commence à rouler des pelles à sa pote. Urgence : tu vas te branler aux toilettes puis tu retournes au comptoir. Au milieu d'un tas de chansons atroces, une chanson d'Amy Winehouse se faufile. Bien. Tu fais un dernier tour sur la piste, tâtes du fessier et retrouves la ville et ses travailleurs matinaux.

Un clodo réagence ses cartons et te taxe une clope. Tu en sors deux, les allumes et il te cause de sa vie de vagabond. Il s'est fait dégager de son centre d'hébergement et maintenant il vit là, à côté de l'Opéra. Il te dit les rats, les voleurs, les flics. Tu lui demandes si c'est aussi cool que ça en a l'air. Et il rit. Sa dernière dent est d'un blanc écarlate.

Tu te promènes dans le Vieux-Lille, tout en pavés et en friperies hype, quand tu aperçois Agathe qui sort de son lycée. Quand elle arrive à ta hauteur, vous convenez tous deux qu'il s'agit là d'une sacrée surprise. Vous décidez d'aller prendre un verre. Un endroit discret, propose-t-elle, son mec n'ayant pas trop apprécié, lui non plus, votre proximité. Dans un bar sans charme près du palais de justice, entourés de cravatés puant l'after-shave à quinze kilomètres à la ronde, vous buvez quelques martinis blancs avant de vous rouler une bonne pelle des familles. Elle presse ta bite comme seules les femmes sachant aimer peuvent le faire. Vous prenez place dans sa Mini direction l'hôtel. Vous faites quinze bornes pour vous éloigner des zones risquées.

Alors que tu rentres chez Irène, tu espères qu'Agathe n'a laissé aucune trace de son rouge à lèvres dangereux. De plus en plus souvent, tu paniques à l'idée de te faire attraper. À d'autres moments, tu te demandes si tu ne ferais pas mieux de tout arrêter. Ou, plutôt, de provoquer la fin. Mais Irène est trop naïve, trop immature, elle réclame de la compagnie, de la tendresse comme un chiot réclame sa mère.

Tu arrives chez elle, l'embrasses et elle t'annonce qu'elle a préparé un gratin de blettes. Bon Dieu, tu penses, c'est quoi cette connerie ?

Tu t'absentes quelques minutes, prétextant l'achat d'une bouteille de lait pour le lendemain matin. Dans un fast-food, tu commandes un double cheeseburger et un grand coca. Comment peut-on préférer le gratin de blettes (d'ailleurs, tu ne savais pas avant ce soir ce qu'étaient des blettes ; tu n'as toujours pas bien compris) à ce menu ?

Tu passes devant ta banque et tu te dis : bon, après tout ils ont de l'argent, ces cons. Et tu entres. Ta conseillère passe au même moment au niveau de l'accueil. Elle tombe bien, alors tu lui dis :

— Vous tombez bien, madame. Quel temps n'est-ce pas ? Dans la même journée on passe de l'automne à l'été en passant par l'hiver et le printemps. Alors qu'à bien y réfléchir on n'a jamais été aussi proches du 15 août. Ils ont installé des manèges sur la place, j'ai vu ça hier. Ça a toujours son charme et puis les gens sont contents. Vous avez regardé le match hier ? Giroud revient de loin quand même. Je suis content pour lui. Vous pouvez me débloquer cent euros pour que je puisse acheter des couches à mon gosse ?

— Je ne savais pas que vous aviez des enfants.

— Je viens tout juste de l'apprendre.

Tu conclus par une longue tirade sur l'inutilité des paillassons et des parapluies. Tu sens qu'elle t'apprécie beaucoup. Pour ce qui est de l'argent, elle ne peut rien faire.

À la gare, tu regardes le tableau des TER puis celui des TGV.

Souvent, tu as soif d'aventures. Là, tu hésites entre Douai, Arras et Rouen. Un type se met à jouer du piano. Il ne joue pas si mal que ça, mais pourquoi joue-t-il ? Comme toujours, des gens le regardent comme s'il était Glenn Gould. Tu aimerais que quelqu'un se fasse exploser au milieu de cette foule. Ça ferait du bruit aussi, certes, mais moins longtemps. Finalement tu ne vas ni à Douai, ni à Arras, ni à Rouen.

Ce matin, tu trouves Irène dans la cuisine. C'est la première fois qu'elle se lève avant toi. Elle t'embrasse au coin des lèvres et ne dit pas un mot. Dans une heure, elle partira donner ses cours. Tu prépares tes affaires. Tu reprends ton Goodis sur le bureau et tu t'aperçois que le pot est vide. Pourtant, hier il y avait encore pas mal de billets. Tu en avais même prélevé trois. Irène prend sa douche et tu en profites pour fouiller son sac. Son portefeuille n'y est pas. Tu essaies de trouver une explication plausible mais, quand tu jettes l'emballage de ta madeleine dans la poubelle, tu comprends qu'elle a compris. Il y a un courrier de sa banque.

Tu pourrais partir tout de suite, pour éviter de l'affronter. Légalement, tu ne cours aucun risque mais que vas-tu lui dire ? Tu restes là, avec un espoir mince comme une feuille à rouler. D'ailleurs, tu fumes sur la terrasse. Tu penses à la fois où vous avez marché dans une petite ville des Flandres. Tu penses à ce restaurant chinois où vous avez dîné si souvent. Elle aimait ça, toi pas, mais tu aimais être là. Tu penses à la façon qu'elle avait de te prendre en bouche. Aux matins passés au piano. Elle jouant tu ne sais quoi, toi l'écoutant, dans le fauteuil. Dans ces moments-là, tu te disais : j'ai de la chance.

Tu sens que c'est la fin. Elle sait. Tu auras vécu une sorte de vie de couple. Quelques semaines seulement. Et maintenant, tu vas te retrouver seul comme tu l'as toujours été. Personne ne te plaindra. Dans ces endroits où elle t'emmenait, tu as d'abord été accepté puis très vite apprécié.

Elle pensait avoir rencontré le futur Prix Goncourt, elle a rencontré Jean-Claude Romand, ce faux médecin qui, à la confrontation avec ses mensonges a préféré tuer sa femme, ses enfants, ses parents et son chien.

Tu fais tes poches. Il ne te reste qu'un billet de cinquante euros et de la petite monnaie. Tu as mal joué le coup. Il t'aurait fallu la voler entièrement, un jour, et disparaître. Personne ne connaît ton nom, ni elle ni ses amis. Tu serais monté dans un train et c'était fini. Mais il n'y aurait plus eu Irène. Un soir, après que vous avez fait l'amour, vous êtes restés enlacés sur le futon. Elle t'avait parlé de faire un enfant, un jour. Elle ne pouvait plus traîner. Plus jeune, elle avait fait une fausse couche. Toute la nuit, tu avais écouté *Chanson pour Pierrot*.

Irène sort de la douche. Elle ne parle toujours pas. Elle prépare son sac et évite ton regard. Devant la porte, elle te demande si tu n'as rien oublié. Tu hausses les épaules.

— Tu es sûr ?

— Oui.

Elle ne te propose pas de te déposer quelque part. Elle s'en va, sans même t'embrasser. Et si tu t'étais trompé ? Peut-être est-elle simplement de mauvaise humeur et que la disparition des billets a une explication simple.

À L'Étrange, tu commandes une bière forte. En pinte ? Oui, en pinte ! Et tu la bois comme si c'était un demi panaché. Tu n'as plus de batterie sur ton téléphone. Tu demandes au serveur de le recharger. Ce qu'il fait. Trois pintes plus tard tu le lui réclames et l'allumes. En haut de l'écran, une notification t'indique un message d'Irène :

J'ai lu ton journal sur l'ordi, j'ai compris qui tu étais, un menteur, un voleur, ne viens pas chez moi, ne m'appelle pas

Le serveur te demande si ça va. Qu'est-ce que ça peut lui foutre ? Tu commandes un whisky, que tu sèches rapidement. Je réglerai plus tard, tu lui fais. Ici, on pratique encore l'ardoise. Mets aussi un paquet de clopes. Tu sais que tu ne reviendras jamais. Tes cinquante euros sont saufs et tu as un paquet de clopes. C'est déjà ça.

Tu erres dans Lille. Tu penses à prendre le premier train, direction nulle part, mais tu te souviens in extremis qu'un jour, sans raison particulière, tu as fait faire le double des clés d'Irène. Elle ne rentrera que dans cinq heures.

Dans son fauteuil, tu fumes une cigarette. Puis dans la chambre, tu t'allonges, habillé, sur le futon.

Tu t'endors, puis entends la porte d'entrée s'ouvrir. Elle va se préparer du thé et va monter. C'est ce qu'elle fait toujours. Tu veux la baiser une dernière fois.

Elle hurle. Tu plaques ta main gauche contre sa bouche et tu la pousses sur le futon. Elle pleure et elle tremble. Toi aussi. Tu lui dis que tu l'aimes. Que sa vie est de toute façon foutue depuis longtemps. Quarante ans, sans enfant, succession d'amours foireux… Crois-tu vraiment que tu te serais donnée si facilement à moi si tu n'étais pas si paumée ? Tu lui dis ça et elle pleure encore. Toi, tu ne pleures plus. Tu la trouves ridicule, en position fœtale. Et toi, tu n'es plus toi-même. Tu as toujours su qu'un jour tu deviendrais fou. Tu sors ta queue et te branles. En vain. Ta queue ne répond pas et Irène ne fait rien pour arranger la chose. Tu la gifles, de plus en plus fort. Elle se débat et parvient à sortir de la chambre. Elle dévale les escaliers et manque une marche. Une tache de sang sous le crâne : aucun doute possible. Tu éclates en sanglots.

Tu l'aimais bien, cette femme.

JOURNAL DE N.

(Paris)

La gare du Nord, son agitation, ses clodos, ses paumés, tous ces gens qui ne savent rien de ce qui s'est passé. Tu n'as pas cherché à te débarrasser du corps. Tu en aurais été incapable de toute façon. Ta mère te l'a assez répété : tu ne sais rien faire. C'est la marche qui lui a été fatale, mais c'est toi qui l'as tuée. Tu auras mis dix ans à ne plus pisser au lit, quinze à savoir lacer tes chaussures, vingt-cinq à devenir un assassin.

Jeffrey Dahmer : « Je n'ai jamais pu trouver une quelconque signification à ma vie et la prison n'y a rien changé. Mon existence a été insignifiante et la fin en est encore plus déprimante. Tout ça peut se résumer en quelques mots : malade, pathétique, misérable, un point c'est tout. »

Tu seras le suspect numéro un, tu ne te fais aucune illusion. D'autant qu'en fouillant dans son téléphone tu as constaté qu'elle avait appelé son ami Laurent pendant plus d'une heure. Elle a dû tout lui expliquer. Tu te mets à stresser. Il va sans doute vouloir jouer les confidents et se pointer chez elle, ce soir, puis il pensera qu'elle s'est suicidée. Pas par amour pour toi, non, mais par un trop-plein d'humiliations. Voilà pourquoi tu n'es pas triste : tu lui as rendu service. Tu t'arrêtes dans une brasserie à Barbès. Tu commandes une bière aussi plate que chère et tu allumes ton ordinateur. Tu regardes les dernières nouvelles. Il y a eu un attentat de plus en Israël, dix-sept morts dont quatre enfants, et on parle de Neymar au PSG. Cette dernière information te donne la nausée, aussi tu fermes la page et écris une nouvelle.

Tu traînes dans l'un de ces quartiers de Paris où les gens pataugent dans le pognon. Politesse oblige, ils oublient de vous en éclabousser. Il ne faut pas être susceptible vu le nombre de vieilles à caniches qui vous regardent comme si elles venaient de croquer dans une pêche pleine de merde. Qu'elles crèvent devant un docu Arte sur l'excision ! Tu marches sans logique et sans but et te voici dans un quartier qui se prend pour Londres. Mais les échoppes indiennes sont turques et les filles rousses sont maghrébines. Un type écoute de la musique et tient à ce que tout le pays partage son mauvais goût. Quelques mètres encore et tu dois montrer ton sac à un flic. La rue est barrée, sauf pour les habitants et les travailleurs. Il te laisse passer quand même. Tu continues à allumer les ampoules que tu as aux pieds jusqu'à Gibert à Saint-Michel. Tu cherches un Malet. Ils n'en ont pas. Tu réprimes une petite déception, insultes un rat qui passe sous l'un des bacs de livres et mates d'un œil weinsteinien le cul d'une jeune vendeuse. Tu trouves un Thompson. Ça parle d'un jeune pauvre type qui va bientôt crever à cause de son estomac. Tu le jettes dans ton sac et vas voir les grands formats, les nouveautés. Tu cherches, sur ton téléphone, l'adresse de l'ambassade d'Iran pour y demander l'asile politique. En partant, tu fauches *Le ragoût du septuagénaire*.

À Châtelet, rien n'a changé. La cour des miracles sans les miracles (mais avec un showcase des candidats de la *Star Academy*). À côté des Halles, un type propose dix euros à celui qui arrivera à faire trois tours du monde. C'est un truc qui consiste à tourner le pied trois fois autour du ballon. Tu continues ta marche, en te demandant combien de temps il te reste à vivre parmi tous ces gens. Sur un banc, une fille à l'accent belge chante une chanson espagnole. C'est l'équivalent d'un couscous à la truffe mais elle joue bien. In extremis, tu ne lui souhaites pas la mort.

Dans le métro, une jeune femme te demande de la monnaie ou une cigarette. Tu lui files une Gauloise et annonces au clodo qui débarque illico après elle que c'était ta dernière. Une fois sorti de la station Edgar-Quinet, tu allumes une clope. Cette fois, c'est bien la dernière.

À la bibliothèque du Xe arrondissement, tu te connectes à un ordinateur. Tu notes le numéro d'une association pour homos en détresse et finis par feuilleter quelques bandes dessinées. Le monde t'apparaît lointain depuis deux jours. Dans le square jouxtant la bibliothèque, tu composes le numéro. Tu leur racontes *ton histoire*. Tes études (brillantes !) interrompues après que tes parents t'ont chassé du domicile. Bien sûr, du seul fait de ton homosexualité. Tu es un garçon gentil. La dame fait montre d'une grande empathie et te promet de te rappeler très rapidement.

Ça ne traîne pas. Tu roupilles sur l'herbe mouillée et ton téléphone sonne. Une fille de l'association te propose d'aller boire un café, le téléphone c'est pas top, on pourra mieux discuter, etc. Rendez-vous pris à dix-sept heures au Starbucks du boulevard Montmartre. Tu ne sais pas quoi attendre de ce rendez-vous. Le coup de l'expulsion parentale à vingt-cinq ans, c'est plutôt moyen. Tu te diriges tout de même vers le boulevard.

Une fille, seule sur la terrasse, jette des regards circulaires et inquiets. Je suis rassurée, elle te fait, vous m'aviez l'air si déprimé au téléphone, comment allez-vous ? Tu réponds évasivement, ce n'est pas facile, mais il faut s'accrocher, etc. Elle t'annonce que, dans un foyer, des chambres sont mises à la disposition des types dans ton cas. Pour une durée de trois à six mois, avec l'obligation de rechercher activement du travail. Tu as du mal à ne pas rire.

Après avoir quitté Irène – adieux déchirants – tu es parti si vite que tu en as oublié de lui prendre le reste de son argent. Ça aussi, ta mère te l'a toujours dit : tu es affreusement tête en l'air. Des taloches pouvaient agrémenter de plus véhémentes observations. Tu as décidé de ne plus penser à ta mère, mais tu ne peux pas t'en empêcher. Que dira-t-elle quand elle saura ce que tu as fait ? Elle sera éplorée. C'est son rôle préféré.

Tu te mets à la recherche du premier magasin de vente et revente informatique et tu leur laisses ton ordinateur pourri. Le gars t'en offre tout de même cent cinquante euros. Il te faut désormais choisir le bon bar, pas cher, celui où tu pourras trouver charité. Tu en connais un, aux Abbesses, un vieux bouge où Édith Piaf attendait Marcel Cerdan. Enfin, ils se vantent peut-être. Tu achètes deux carnets à la Fnac et t'installes dans un McDonald's : tout consigner sera un jour utile.

Tu portes un chapeau pas dégueulasse (voilà qui tu es : un type qui, après avoir tué une femme, prend la fuite et son chapeau, en oubliant l'argent) et tu es bientôt l'attraction du bar. Tu bois du vin blanc à la chaîne, le verre n'est qu'à deux euros, et tu proposes, au public attentif et interlope, tes plus belles chansons. *Parce que* d'Aznavour est celle que tu préfères interpréter. Tu as un faible pour ce type depuis que tu es enfant. Nous sommes de la même veine, penses-tu, de ceux que la vérité n'effraie pas, de ceux à qui les couilles ne manquent pas quand il s'agit de raconter quelque chose. Tu te mets à draguer une jolie fille qui rit à tous tes mots d'esprit, surtout aux plus mauvais, et Dieu sait que tu en as à revendre quand ton grammage est suffisamment élevé. Le bar, comme tous les bars, ferme et tu te diriges vers le quartier des gays.

Tu entres dans la première boîte ouverte sans difficulté. Il faut dire qu'avec tes cheveux longs dépassant de ton chapeau tu as un peu l'air d'un pédé. Des hommes s'embrassent dans tous les coins, tu joues à l'extérieur, cela ne fait aucun doute. Ils te font payer la bière dix euros, c'est là que tu comprends qu'ils ont du fric à te filer. Tu restes assis de longues minutes à regarder cette faune qui se cherche sans s'apprivoiser, s'embrasse après un seul regard avant d'aller dans les backrooms procéder à quelque acrobatie.

Deux heures ont passé et tu te fais sérieusement chier. Une jeune blonde, tout de rouge vêtue, roule des pelles à un Hispanique (que tu as vu, plus tôt, accompagner deux Noirs aux backrooms) en se laissant toucher le cul. Tes économies ont déjà fondu mais tu commandes une autre bière. La fille se dirige vers les toilettes.

Elle réagit avec retard, tu as déjà fermé le loquet de la porte. Un très mince sourire de surprise sur la gueule. Elle croit à un jeu. Tu la gifles et lui mets la main sur la bouche, son fond de teint commence à dégouliner. Tu n'as pas d'autre arme que ce verre de bière. Tu le finis en la regardant se pisser dessus. Elle supplie et tu lui intimes de la fermer, tu as besoin de ta main. Tu lui caresses la chatte avant de la faire s'agenouiller. N'essaie pas de mordre, lui dis-tu. Elle n'y met aucun cœur, on est loin d'Irène, mais quoi ? tu sens que ça arrive, et ça arrive. Tu te retires, lui voles son portefeuille, et l'égorges. Elle n'a qu'un pauvre billet de cinq euros. Tu aurais dû lui demander le code de sa carte bancaire. Tête en l'air.

Tu retournes aux vestiaires, suant et tremblant. Le gars croit que tu es drogué, ça t'arrange : il t'expédie. Dehors, tu marches vite, puis cours et tu chopes un bus de nuit. Un peu de sang macule ta main. Tu arrives à Saint-Lazare. Tu n'as rien à y faire. Tes tremblements ont cessé, il ne reste que le sang sur la main droite. Un bar est encore ouvert, tu ne juges pas prudent d'y entrer comme ça. Tu cherches une sanisette et, miracle, tu peux l'utiliser. Un rat te fait sursauter. Le sang résiste un peu puis se barre. Tu jettes ton chapeau dans une poubelle, le portefeuille dans une autre. Tu es propre et neuf.

Tuer une jeune femme, ça dessaoule. Tu entres dans le bar sans tituber et commandes un demi. Tu vas le boire au fond de la salle et procèdes à une sorte de bilan. Il faisait très sombre dans le bar. Seul le vestiaire pourrait se souvenir de toi. Trouver une piaule, voilà le problème. Tu retournes au comptoir, commandes une pinte cette fois. Le patron, un chauve au visage porcin, te demande d'où tu viens. C'est peut-être une erreur de boire dans un bar d'habitués. Ils se souviendront de toi. Juste à côté, tu réponds, j'écris un roman et là je sèche, alors j'essaie de me changer les idées. Tu écris un roman policier ? il demande. Non, pas vraiment, des nouvelles policières parfois, c'est tout. Dommage, se marre-t-il, tu aurais pu t'inspirer du meurtre dans le bar gay.

Tu bois une longue gorgée pour te calmer et demandes de quoi il retourne. Une fille retrouvée dans les chiottes du bar, on n'en sait pas plus, c'est un ami qui habite là-bas qui lui a raconté ça. Ils recherchent le mec, le Marais est quadrillé par les flics. Tu balances quelques banalités sur l'insécurité, sur les Arabes pour lui faire plaisir, et finis par un avis éclairé sur les homosexuels. C'est une drôle de soirée, et tu crains la fermeture. Où aller ? Tu peux te payer l'auberge de jeunesse mais il faudra donner ton nom. Comme s'il avait lu dans tes pensées, le porc met tout le monde dehors.

Entrer dans un hôtel, en pleine nuit, sans bagage, au moment où les flics recherchent le tueur, c'est risqué. Errer jusqu'au petit matin l'est encore plus. Tu t'arrêtes dans un fast-food, ouvert vingt-quatre heures sur vingt-quatre, une télévision diffuse des publicités mais le boîtier indique BFM TV. Tu t'assieds devant. Le générique de l'édition de nuit prend place, tu te remets à trembler légèrement. La journaliste lance un sujet sur les premières mesures du nouveau président de la République, un autre sur le procès d'un industriel et un dernier sur le transfert d'un joueur de foot brésilien. En bas de l'écran, cependant, une alerte info sur le meurtre. On te ramène ton hamburger. Le steak est trop cuit.

Tu reprends deux cocas et un autre hamburger en attendant la suite des informations. Ça arrive enfin, les témoignages de pédés pleurnichant monopolisent l'antenne. Les serveurs du bar apparaissent un à un, indiquant aux journalistes que personne n'a rien vu. Un sous-ministre inconnu parle des moyens mis en place pour retrouver le meurtrier. Tu te lèves pour aller aux toilettes au moment où apparaît un portrait-robot. Tu manques de t'effondrer mais parviens à aller vomir.

Calme-toi : évidemment que tu te reconnais, et le chapeau, et les cheveux longs. Et, surtout, tu es le seul à savoir que tu as égorgé cette salope.

Tu te rassieds, en espérant ne pas t'être fait remarquer, il est cinq heures. La politique, la justice et le foot ont repris leurs droits, déjà, et ça te rassure. Ils ne te choperont pas, tu penses. Tu as réussi ton coup et tu as aimé ça. Certes, cette fois il manquait les sentiments. Tu penses tristement que tu ne trouveras pas de deuxième Irène. Mais que faire ? il ne te reste qu'une cinquantaine d'euros. Tu ne peux plus aller dans le Marais.

Une dénommée Marianne t'accueille. Elle n'échappe pas au maternalisme des gens pensant être utiles mais ça a l'air supportable. Tu es contraint de faire la connaissance de cette troupe étrange. Une jeune Arabe se fait appeler Maxime et, même dans ses rêves les plus délirants, aucun rappeur ne va aussi loin quand il s'habille le matin.

Un travelo qui n'a de féminin que l'indigence intellectuelle te fait la discussion. Tu lui fais comprendre que tu n'aimes que le jazz, la chanson et les livres. Il/elle se barre.

La putain d'horloge indique minuit et tu ne peux éviter le douloureux bilan baudelairien : ce n'est pas glorieux. Tes mains tremblent comme une mère devant le cadavre de son enfant. À la différence près que tes tremblements ne sont pas dus à une joie dissimulée.

Tu penses à ce que tu as perdu, toi qui n'as pas souvent gagné. Si la réussite c'est d'aller d'échec en échec, ton heure ne devrait pas tarder. Tu écris tes pensées délirantes d'une illisible écriture. Ta vocation : l'écriture. C'est un mensonge, tu le sais. Tu n'es pas davantage fait pour l'écriture que pour le saut à la perche. Seulement, c'est la seule activité que tu pourras pratiquer en prison.

Deux semaines passent, sans que rien ne se passe.

C'est le matin, tu bois ton énième café, et une discussion passionne les pédés, il est question de séries télé et de météo. Tu entends un des types parler d'un nouveau bar gay. Ils y vont tous ce soir. Tu lui demandes où ça se trouve. Ce soir, tu seras la plus belle pour aller danser. Tu as décidé de ne plus te préoccuper des deux cadavres que tu as laissés derrière toi. Simenon ne relisait jamais ses livres et tu aimes bien Simenon. Ta seule préoccupation désormais est de trouver un moyen de boire et de fumer sans devoir travailler pour cela. Tu élabores une sorte de plan. Sur le papier, ça s'annonce facile.

L'association a fait accélérer les démarches pour que tu puisses bénéficier de la CMU en urgence à l'aide de certificats médicaux alarmants. Ils te prennent pour un dépressif, voire pour un fou. C'est vrai qu'il n'a pas fallu longtemps pour que ton état mental se détériore. Tu as l'impression d'être un rat pris au piège. Tu auras beau hurler, tu n'en sortiras pas vivant.

Jusqu'ici, l'association a pris en charge tes visites chez le médecin. Il te prescrit des médicaments pour apaiser tes angoisses, d'autres pour t'endormir, d'autres pour que tu ne sois pas trop fatigué lorsque tu te réveilles. Tu charges la dose, tu gobes les anxiolytiques comme si c'étaient des bonbons au miel.

Tu estimes que c'est ce soir que tu dois mettre ton plan en marche. La journée, tu la passes allongé, à regarder le plafond qui n'a rien à te dire.

Bertrand. Proviseur à deux ans de la retraite. Tu n'as rien eu besoin de faire, il est venu te parler alors que tu buvais lentement ta bière. Il t'en a payé une autre puis une autre encore. Tu les as bues moins lentement et tu t'es laissé embrasser.

Tu lui racontes *ton histoire*. Il te propose d'aller chez lui. Tu acceptes. Dans *ton histoire*, il y a une sombre affaire de viol. Tu lui racontes ça et tu y crois tellement que tu écrases une larme. Ce viol, lui dis-tu, te paralyse pour le sexe. Pour la pénétration surtout. En revanche, tu peux te faire sucer et tu peux sodomiser. Il réitère sa proposition.

C'est un appartement rue Vavin. Il te suce avidement et toi, tu tiens son crâne dégarni entre tes mains. Voilà, c'était ça, le plan. C'est fini, maintenant il remplit deux verres de vin et t'offre une cigarette. Vous parlez littérature. Parfois il t'embrasse. Ce n'est ni agréable ni désagréable. Tu t'en fous.

Tu estimes que c'est le bon moment pour te faire hospitaliser. L'association est bien heureuse de te voir débarrasser le plancher. Elle ne sait pas quoi faire de toi.

Bertrand t'a promis de venir te voir et de te ramener des clopes, et il tient sa promesse. Maintenant tu es peinard. Tu peux écrire sans te soucier des choses de la vie normale. Mais tu ne le fais pas. On t'a donné une chambre individuelle. Tu ne la quittes pas. Tu y lis Jim Thompson et David Goodis toute la journée. Le monde te paraît déjà lointain. Un pays étranger qui te refuse l'asile politique.

Tu ne cesses de te pisser dessus. Tu reviens à ton état d'enfant, peureux au matin de découvrir une auréole sur ses draps ; peureux de te faire démolir par une mère qui ne ratait aucune occasion de te casser la gueule, coincé contre la porte devant les supplications de ton frère pour qu'elle s'arrête. Elle ne s'arrêtait pas. Depuis tu cours toujours après ces heures de sommeil agité où, en sursaut, tu te réveillais après avoir rêvé de ton urine dégoulinante.

Tu es sur un banc du parc de l'hôpital. Un type en fait le tour depuis une trentaine de minutes, un autre hurle qu'il a besoin d'une cigarette et, toi, sur un banc excentré, tu fumes rapidement la tienne avant qu'il ne te tombe dessus. Ici, il n'est pas rare de voir des gens ramasser des mégots, fumer ce qu'il en reste et le jeter à nouveau sur le goudron. Un autre le ramasse et l'allume puis, généralement, il insulte un fantôme avant de se mettre à la recherche d'un autre mégot. Généreux, tu en laisses tomber un bout acceptable, un truc qui devrait tenir deux ou trois lattes. Le type qui le ramassera aura l'impression d'être tombé sur une bague en or dans une poubelle. Pendant quelques minutes, il sera heureux, il voudra jouer au ping-pong mais personne ne jouera avec lui. Chacun, ici, attend quelque chose : de la nicotine, un médicament ou une visite. Seuls les médicaments arrivent toujours.

Parfois, une bagarre éclate. Les transactions vont bon train. L'un a donné son dessert en échange d'une pièce lui permettant de s'acheter un café au distributeur et l'autre, après avoir mangé le dessert, se souvient qu'il n'a pas de pièce. Alors il promet qu'il en aura une le lendemain, parce qu'un parent va le visiter. Mais, le lendemain, bien sûr, personne ne le visite. C'est ainsi que les bagarres éclatent. Les infirmiers laissent faire jusqu'à un certain point.

Quand vient l'heure des médicaments, un attroupement se fait devant la salle de soins. Cela rappelle les clubs libertins où chacun attend son tour avant d'avoir droit à une pipe prodiguée par une sympathique salope. Ou à ces « salles de shoot » dont on parle à la télévision. À propos, la télévision est en panne, alors les gens se rabattent sur la bibliothèque. Elle est étonnamment bien garnie. On y trouve du Calaferte, du Fitzgerald, du Jim Harrison. Ce matin, en attendant sa première dose, un type lisait à voix haute *La jument verte*, de Marcel Aymé. Quelqu'un lui a demandé de la boucler. Alors, il l'a bouclée. Toi, tu trouvais que c'était bien.

Les repas sont pris sur quatre tables rondes. Le but du jeu est d'éviter celle où se trouve la vieille moustachue qui a tendance à baver ou celle de la jeune femme noire qui, toujours, se met à pleurer. Tu lui fais remarquer qu'on n'est pas moins bien lotis que jadis à la cantine, que dans les trains, etc. Elle pleure de plus belle, aussi tu te sens un peu con.

Tu comprends trop tard que, si elle pleurait, c'est précisément parce que le temps de la cantine scolaire est révolu et qu'aucun train ne l'emmènera loin d'ici. Vers un endroit où, dans une quelconque chambre d'hôtel, un charmant jeune homme prendrait le petit déjeuner avec elle puis lui ferait l'amour.

Retour à la cour. Tu fumes une cigarette en pensant au désastre universel. Ici, tu n'es pas le plus mal barré. Le malheur des autres rassure et ces mesquines pensées te dépriment.

Mais l'être humain est ainsi, n'est-ce pas ? Toujours à haïr le bonheur des autres, à ignorer le sien et à aimer le désespoir de son prochain. C'est le problème d'être ici, on pense à vide, à rien, on philosophe, puisqu'il n'y a rien d'autre à faire. Puis, doucement, on se laisse aller à la fatigue, au sommeil offert par les médicaments, en attendant qu'un nouveau jour se lève. Ce con-là n'attend pas et il s'en fout pas mal si on le rejoint ou pas.

Ton enfance se résume à ces souvenirs-là. Celui d'une mère te frappant comme une sourde quand tu pissais au pieu ou ne comprenais pas les devoirs qu'elle te faisait faire. Celui d'un père qui, las de tes cauchemars, menaçait de te jeter du haut des escaliers. Celui d'un divorce sans au revoir. Celui d'un beau-père enfonçant ta tête dans ton vomi. Celui de l'attente du samedi matin, habillé de propre par ta mère, attendant la venue de ton père alors qu'elle avait procédé à une mesure d'éloignement.

Tout cela est assez décourageant quand on est censé démarrer dans l'existence.

Étrangement, tu ne parles pas de cela avec la multitude de psys que tu dois te coltiner. Alors pourquoi l'écrire maintenant ? Qui croira un pauvre menteur de ton espèce ? Peut-être l'écris-tu parce que tu vas crever.

Les infirmières passent à minuit pour te donner les derniers médicaments de la journée. Tu te lèves du lit et tes jambes lâchent. Tu t'effondres et pries les infirmières de te laisser tranquille. Tu te réfugies dans les chiottes et vomis jusqu'à en avoir mal dans tout ton corps. À ton vomi se mêlent quelques larmes.

Ludo est un gros porc. Cent vingt kilos de graisse et une taille minuscule : une insulte au bon goût, à la décence… Tu le hais et si tu en avais la force, tu le massacrerais jusqu'à ce qu'il en crève. De toute façon, que vaut la vie d'un Ludo ?

Il est ici depuis quatre ans et personne ne sait vraiment pourquoi : il est juste là. Dans le fond c'est un brave type, mais il ne pense qu'à bouffer et toi, ça te dégoûte, cette mascarade de la bouffe. Il faut le voir, dévorant le rabais de poulet immonde, avec l'air d'un Belge qui saute une fillette !

Quand tu marches dans les couloirs, que tu fumes la fin d'un mégot sur la terrasse, tu les vois qui te regardent de travers… Tu penses : s'ils savaient que j'ai tué ! et que cela me place au-dessus d'eux et de leurs pauvres maladies compliquées. Ils vont venir te chercher, les flics, mais quand ? Tu t'endors ; les médicaments sont efficaces.

Tu te réveilles une heure plus tard. C'est déjà le moment de ravaler des pilules. Et ils osent te refiler des trucs contre ton alcoolisme, penses-tu en rêvant d'un verre de whisky.

Vous êtes douze devant la porte, les yeux dans le vague. Ludo raconte à qui veut l'entendre qu'avant c'était pas si long !

ils avaient leurs cachetons directs. On fabrique de la nostalgie de tout. Les constipés ne pensent-ils pas à leurs gastros passées comme à des inatteignables sommets de bonheur ?

Te voilà sorti du cabanon infirmier : il faut bouffer. On te file ton plateau et tu cherches une place. Tu t'installes face à Ludo, qui finit son quatrième yaourt, il te pique ton morceau de fromage, ta compote et te fait la morale. Selon lui, tu ne manges pas assez.

Il a du martini blanc dans sa chambre. Vous vous y rendez. En vieux briscard de l'hospitalisation psychiatrique, il fume dans sa piaule, décontracté. Et, bordel, elle contient plus d'affaires qu'en contenait ton appartement !

De sous un tas de vêtements crasseux, il sort sa bouteille de martini. Au-dessus du petit bureau, il a installé une tablette. Il y prend deux gobelets et les remplit. Vous vous asseyez sur son lit et buvez. L'alcool te monte vite à la tête. Putains de cachetons ! Mais très vite, vous riez. Il te raconte des histoires à la con sur les pensionnaires.

Vous fumez une nouvelle clope, en buvant un autre verre. C'est un bon moment. Tu n'as pensé à rien depuis que tu es dans cette piaule. Tu as besoin d'un troisième verre. Il te le sert. Lui, il préfère s'arrêter là et te dit de faire gaffe. Tu vides ton verre d'un trait.

Il a dû faire un truc pas clair pour se retrouver ici, et tu t'en fous : il a du martini. Il te demande si tu tiens le coup. Ouais, tu lui réponds, je suis mieux ici que dehors. Il te répond que c'est certain, et qu'il préfère être ici qu'en prison. Les conditions de vie sont meilleures, il rajoute.

Tu te demandes s'il en a fait, de la prison. Mais tu ne lui poses pas la question, ça pourrait le braquer. Il te dit que ça va être l'heure du changement d'équipe, les infirmières vont faire le tour des chambres pour constater que tout le monde est à sa place, que personne n'a eu le temps de se pendre. Alors tu réintègres ta chambre en titubant.

Tu entends les infirmières qui frappent aux portes. En vitesse, tu te fous du dentifrice sur les dents, pour masquer l'odeur du martini, et tu te faufiles sous les draps. Tu poses un livre ouvert par-dessus. Tu ressembles à un type qui a lu quelques pages avant le repos.

On frappe à ta porte, te demande si tout va bien, tu as une drôle de mine. Non, je suis fatigué, tu réponds, et elles referment la porte. Pour la première fois depuis longtemps, tu souris : tu as bu et tu as un ami.

Bertrand a obtenu du médecin que tu puisses sortir, accompagné par lui. C'est la finale de la Coupe du monde de football. La France affronte la Croatie et l'emporte. Tu te revois enfant, devant la télévision, devant Zidane, Gloria Gaynor, trois buts à zéro. Vous aviez mangé un melon merveilleux dans l'après-midi. C'était bien.

Tu bois un demi en regardant les Français marquer un troisième but. Cela ne te fait aucun effet. Où est passé l'enfant qui pouvait regarder un match en crypté ? Qui, avec l'argent de la cantine, s'achetait *France Football*.

Il est là, avec Bertrand, il pense aux deux cadavres qu'il a laissés derrière lui.

Tu chantonnes :

Tu la voyais pas ici l'histoire
Tu l'aurais bien faite au bout d'la Loire
Mais qui t'a rangé à plat dans c'tiroir
Comme un espadon dans une baignoire

La France est championne du monde. Ça hurle, ça pleure, ça chante et toi, ivre de médicaments, tu titubes au milieu de la foule.

Deux flics te font face, ils te regardent bizarrement. Ils doivent penser que tu es drogué. Tu te retournes et tu en vois deux autres.

Voilà, te dis-tu, je suis foutu.

GUYADER

On lui a retiré les menottes. C'est une habitude du juge d'instruction, Guyader, qu'il présente à chaque prévenu comme une faveur particulière. Il regarde par la fenêtre le spectacle d'un ciel qui bleuit de plus en plus. Il pense aux jeunes filles en robe légère qui arpentent les rues du XVIIe, aux lecteurs dans les parcs, aux bières bues sur les terrasses, aux vies normales. Puis il fixe son regard sur N. Il s'est habitué à cet air de chiot massacré, à cette élocution difficile, à ces mains tremblantes. Il retarde ce moment où il devra écouter les confessions hasardeuses de ce type qui paraît à peine sorti de l'adolescence. Il faudra reprendre quelque part, mais où ? C'est une histoire sans géométrie alors, pour la première fois de sa carrière, il improvise.

Parfois N. se braque. Lui dit qu'il ne peut rien comprendre à cette histoire, que lui-même ne la comprend pas. La plupart du temps, il répond placidement à des questions mille fois posées.

— Quand cela a-t-il commencé, selon vous ?

— Depuis le début probablement.

— Précisez.

— J'ai toujours su que ça finirait mal.
— Où avez-vous rencontré Irène C. ?
— Dans un bar. Je vous ai raconté… Je suis allé au cinéma puis je ne voulais pas rentrer alors j'ai traîné, puis je l'ai rencontrée.
— Très vite, vous avez formé un couple… Vous l'aimiez ?
— Je n'en sais rien. Tout aurait pu être différent mais ça s'est passé comme ça. J'aurais pu tomber amoureux de n'importe qui. Une rousse aurait fait l'affaire. Une blonde aussi. Une Africaine…
— Si elle avait été pauvre, l'auriez-vous suivie chez elle ?
— Oui, mais je ne serais peut-être pas resté… je ne suis pas responsable de sa mort… la marche, c'est la marche, moi je n'y suis pour rien, enfin, pas plus que la mère dont le fils s'est fait écraser en allant chercher le pain.
— L'avez-vous poussée ?

N. se tient le front puis baisse la tête. Guyader regarde par la fenêtre trois pigeons sous l'abribus. L'image le fait sourire. Il trouve ça un peu bête d'attendre le bus, quand on peut voler.
— Non, je ne l'ai pas poussée.
Guyader sourit à nouveau : s'il l'avait fait, pourquoi le dirait-il ?

Il préférerait être face à un cas exceptionnel, face à une affaire purement métaphysique mettant en scène un homme qui pète les plombs, mais voilà qu'il se trouve face à la chose la plus banale, celle qui encombre les tribunaux : l'argent.
— Depuis votre licenciement du McDonald's, vous n'avez plus travaillé…

Il ne pose plus de questions, il lance des phrases, comme ça, pour lui-même, et N. le regarde sans réagir.

— J'ai travaillé deux fois là-bas. La première, j'ai supporté. Après, j'ai commencé à boire et, enfin, c'était plus pareil…

— Quand vous étiez à Lyon, vous ne travailliez pas non plus…

— Non. La propriétaire de mon studio voulait le récupérer. Alors, j'ai quitté la région… j'ai pensé que c'était le mieux pour moi, je m'ennuyais, et… enfin… Le mercredi après-midi, je profitais de mon jour de repos pour aller à la Fnac, où j'achetais quelques bouquins, puis, au hasard, j'allais voir un film. Je ne voyais jamais personne…

— Pourquoi Lyon ?

— Je ne sais pas… enfin si, j'avais contacté une librairie en Ardèche et j'avais l'intention d'y aller, le patron m'avait dit qu'il cherchait activement… je devais prendre une correspondance à Lyon, puis je ne l'ai pas prise…

— Pourquoi ?

— J'ai pensé que je raterais l'entretien alors je suis resté à Lyon… c'est peut-être là que tout a commencé, je sais pas… enfin, voyez, si j'étais allé en Ardèche, ç'aurait peut-être été plus facile…

— Aviez-vous trouvé facilement un logement ?

— Oui. J'ai d'abord lu sur un banc au parc de la Tête d'Or puis il a commencé à pleuvoir alors j'ai regardé les annonces sur Internet. Puis j'ai trouvé une colocation, dans le centre. Quatre cent cinquante euros, charges comprises. L'annonce datait de quelques heures, seulement.

— On ne vous a demandé aucun justificatif ?

— Non. J'avais un livre avec moi alors j'imagine qu'elle

m'a pris pour un étudiant, puis j'avais de quoi payer… mais pourquoi vous me parlez de Lyon… quel rapport ?

Le juge hausse les épaules et s'enfonce dans son fauteuil.

— Aucun.

— Quelle somme d'argent possédiez-vous ?

— Environ trois mille… Ils ont dû me payer mes congés et ma grand-mère m'avait donné de l'argent, donc je me sentais un peu riche… c'était la première fois que j'avais autant d'argent sur mon compte… enfin c'est peut-être pas beaucoup pour vous… le premier soir, je me suis dit que c'était c… bête d'être venu ici et de ne pas sortir… donc je suis sorti et j'ai bu, de la bière, quatre verres, des pintes, je n'avais pas l'habitude alors j'étais pas mal b…, enfin, j'étais ivre, et j'ai commencé à parler aux gens et à rire et tout ça, c'était bien… je découvrais un truc…

— Puis vous continuez à boire, de plus en plus, et un jour vous revenez. Pourquoi ?

— Plus d'argent… j'avais tout dépensé dans les bars.

Il dit cette dernière phrase avec un demi-sourire. Guyader lui sourit en retour, en pensant : quel imbécile !

— Irène C. croyait que vous étiez de Lyon. Jamais vous n'avez croisé un ancien camarade de classe, de travail, qui, vous reconnaissant, eût pu vous trahir ?

— Non. Pourtant on sortait beaucoup… parfois j'avais peur de croiser quelqu'un, et parfois j'oubliais, enfin, parfois j'oubliais que ma vie, je l'avais plus ou moins inventée, j'y croyais… Un jour, on a croisé ma mère… mais elle ne m'a pas vu, enfin, j'ai eu très peur, quand même.

— Vous n'avez pas songé à tout avouer ?

— Non, je pensais que je n'allais pas en avoir besoin.

— Vous aviez déjà prévu de…

— Non ! Ce n'est pas ce que je voulais dire… Enfin, je pensais simplement que cette histoire allait se terminer normalement… qu'Irène allait me quitter pour notre différence d'âge… ou un truc comme ça…

— Vous maintenez qu'elle n'a jamais constaté des trous dans son compte en banque ?

— Oui.

— Avec une cinquantaine d'euros retirés par jour ?

— Parfois plus ! Je sais, c'est beaucoup et pas très crédible… mais c'est la réalité…

N. regarde Guyader, l'implore du regard, pour que cela cesse. L'avocat prend le relais. C'est tout aussi fatigant. Il se sent revenir à l'état d'enfant.

— Les enquêteurs ont retrouvé un test de grossesse positif au domicile d'Irène C. Étiez-vous au courant ?

— Non.

L'avocat, pour la première fois, lui parle à l'oreille.

— Elle n'était pas enceinte, monsieur le juge.

— Nous le savons. Comment expliquez-vous le test positif, dans ce cas ?

— Irène n'était pas enceinte. Agathe S., si.

Guyader et son greffier échangent un regard grave et plein d'espoir, un mystère du dossier est sur le point d'être élucidé. N., lui, boit son verre d'eau, lentement, comme pour retarder la déclaration. Il en redemande un. On lui donne.

— Agathe était une amie d'Irène, elle était plus jeune et elle… enfin elle m'aimait bien… un soir on s'est croisés dans la rue et on a… passé la soirée ensemble… puis on a continué à se voir… à l'hôtel… deux, trois fois par semaine…

— Qui payait ?

— Moi, enfin, avec l'argent de…

— Là encore, Mme C. ne se doutait de rien ?

— Elle était un peu jalouse quand on se retrouvait tous les quatre.

— M. S., également ?

— Il était indifférent je pense… Le couple n'allait pas très bien…

— Vous vous protégiez ?

— Oui, au début. Puis Irène a commencé à parler de faire un enfant… elle s'inquiétait… enfin, elle savait qu'elle ne pourrait bientôt plus en avoir…

Guyader fait mine de prendre des notes. Il ne fait pourtant que des ronds, des traits, du gribouillage. Que faire d'autre ? Même les mots, dans le cas présent, ont moins de sens que ses gribouillis.

— Elle n'arrêtait pas de faire des tests de grossesse…

— Vous aviez déjà une idée précise en tête ?

— Oui. J'ai repéré le modèle qu'Irène utilisait. J'ai commencé à percer les… préservatifs, enfin, quand j'étais avec Agathe puis un jour, elle s'est trouvée mal, elle ne comprenait pas bien pourquoi… moi j'ai compris… alors je lui ai apporté le test. Il était positif du premier coup.

L'avocat, reclus dans son silence, semble réfléchir à une reconversion professionnelle. Guyader, compatissant, lui propose un verre d'eau.

— Chaque fois, c'était pareil, Irène faisait le test et me le donnait… elle ne voulait pas regarder elle-même le résultat…

Quand je lui ai annoncé qu'elle était enceinte, on s'est mis à pleurer tous les deux.

— Dès lors, vous saviez que vous alliez passer à l'acte ?

— J'avais l'intention de la tuer oui, mais je ne l'ai pas fait... elle m'a simplement quitté après avoir lu mes textes et après avoir compris que je lui avais menti... je vous ai déjà tout raconté...

Bien sûr, qu'il l'avait, le choix, pense Guyader : il lui suffisait de fuir. Ne plus jamais la revoir. Elle n'avait même pas son adresse, et puis, jusque-là il n'avait rien fait... Rien qui puisse être puni officiellement... Il serait simplement devenu un salaud, aux yeux de tous... Il aurait fallu qu'il ne sorte plus en ville...

— Pourquoi ne pas être parti ?

— Au fond, je ne voulais pas la perdre... me retrouver seul, encore une fois...

— Et sans argent... Quelque chose m'échappe : pourquoi lui faire croire à la possibilité d'une grossesse ?

— Je voulais lui offrir cette dernière joie. Sa vie n'était pas facile.

— Avez-vous des regrets ?

— Oui. Je regrette qu'elle soit tombée sur mon ordinateur mal éteint.

— Mme Sacco, que vous aviez probablement mise enceinte, s'était-elle manifestée depuis votre dernière après-midi ?

— Je ne sais pas.

La réponse est étrange mais Guyader ne juge pas utile d'insister. Il sait que cette audition n'a rien d'ordinaire et que les réponses vont venir d'elles-mêmes, dans un ordre aléatoire.

— J'avais bloqué le numéro d'Agathe et je crois qu'elle avait plusieurs amants…

— Vous rendez-vous compte de la cruauté de vos actes ?

— Je ne sais pas… vous auriez peut-être fait la même chose…

N. s'est mis à parler de son enfance. Il raconte son enfance, sa mère, son beau-père. Il raconte la peine qu'il a eue lorsque sa sœur jumelle est morte. Un accident de voiture, mais il préférerait ne pas en parler davantage. Il dit :

— Mon enfance fut une prison où j'ai eu la chance d'avoir une géniale codétenue.

Les seuls moments où N. semble sincère sont ceux où il parle des brimades de son beau-père, des mots de sa mère, des coups de son frère, de la mort de sa sœur. Il raconte tout cela en baissant la tête, ses mains tremblent un peu. Alors Guyader n'ose pas lui dire que cela est hors sujet, qu'il est là pour autre chose.

Mais il sait que les grands drames s'expliquent par les menues humiliations de l'enfance, de l'adolescence ou du mariage. Son travail consiste maintenant à comprendre le *processus*.

Le greffier demande s'il peut s'absenter quelques minutes. Guyader répond oui, soulagé.

— Vous voulez une cigarette ?

— Oui.

Plus personne ne parle. L'hospitalisation de N. a été un massacre, une destruction méthodique de l'être humain qu'il est malgré tout. Le chef de l'unité a été auditionné, il n'avait pas grand-chose à déclarer : c'est un dépressif à tendance mythomane. Voilà tout. Il y en a des dizaines comme ça. Rien remarqué, non. Un pauvre type dans la foule. Il note cette dernière phrase dans son carnet.

N. prendra vingt ans ou rien du tout. Ce sera en fonction de l'humeur du procureur général, de ce qu'il a mangé, des derniers résultats scolaires de ses enfants. Il ne fera pas long feu en prison. Guyader en a fini avec lui. Ce soir, N. dormira dans une cellule, dans l'attente de son procès.

Il regarde N., escorté par deux policiers, dans un long couloir. Comment a-t-il fait pour se débrouiller aussi mal ? Il y pense quelques minutes puis il n'y pense pas. Demain, après-demain, il y aura d'autres N., d'autres histoires d'argent, d'amour, de meurtres, de sexe, de vies gâchées. D'autres pauvres types dans la foule.

Guyader a ouvert la fenêtre et il fume une cigarette. Il pense à la soirée qui l'attend. Il boira une bouteille de chinon et prendra deux cafés. À la télévision, il regardera une vieille comédie. Il boira un whisky sur la terrasse. Il téléphonera à sa fille. Devant la télé éteinte, il pensera à la chance qu'il a de l'avoir. Au réveil, N. n'existera plus pour lui. Pour l'instant, il lève un dernier verre à sa santé.

Épilogue

Tu es enfermé dans cette cellule depuis trois mois. Seul, à l'isolement, pour raisons médicales, disent-ils. Mais tu sais bien qu'ils ne veulent surtout pas que tu te fasses assassiner avant le jugement. Ton procès se tiendra à une date que tu ne connais pas encore. En attendant, tu écris un peu. Quand tu tombes enfin de fatigue, sous le poids des médocs et de l'ennui, tu sais que les gardiens viennent lire tes nouvelles. Certaines ont disparu, ils s'en serviront un jour ou l'autre, et ça te retombera sur la gueule, ça ne sera que du bonus. Tu es déjà foutu.

Le temps n'a aucun sens ici, encore moins qu'ailleurs. Ça te rappelle l'époque où tu bossais, les sensations sont identiques : on nous vole les heures, et il nous reste à peine le temps de chier, de se doucher, et d'avaler un plat de pâtes, puis c'est la nuit, on dort ou on essaie de dormir, et puis voilà. La seule différence, c'est qu'ici tu es à l'abri. Tu sais pourquoi il ne se passe rien. Tu te reposes. Tout va bien.

Ton avocat désespère. C'est une affaire dont il n'aurait pas osé rêver, c'est un petit commis, arrivé par erreur à la fin de son cursus universitaire. Il n'a rien d'un ténor, la première fois que tu l'as vu, c'était face au juge d'instruction, il t'avait donné l'impression d'être un caviste bio. Tu as imaginé sa femme, psychologue pour enfants uniques (et forcément surdoués), son appartement décoré selon les goûts d'un brocanteur écologiste, ses disques de Jeanne Cherhal, et tu n'as pas pu t'empêcher de rire.

La psychiatre de la prison essaie de te faire pleurer, de te faire regretter. C'est une femme très douce et son corps dégueulasse, sa gueule de ménagère n'y changent rien. Elle semble te considérer comme un enfant perdu, un artiste inadapté, un écrivain incompris. Sa naïveté te touche.

Tu la vois tout à l'heure. Tu lui diras que tout est terminé. Que tu ne regrettes rien. Que tu n'as rien fait d'exceptionnel. Que ton sort t'importe peu. Elle continuera à te faire parler. Tu lui diras que c'est inutile.

Mais elle ne te laisse pas peinard. Elle te propose même un deal. Tu dois piocher dans tes écrits LE texte qui semble le mieux te définir. L'idée te terrifie : tu ne te relis jamais. Il est loin le temps de l'enfance, celui où l'on prend plaisir à manger sa propre merde. Mais tu acceptes pour avoir la paix.

Maintenant, tu es sur ta couchette, tu attends les prochaines étapes, les derniers rendez-vous avant le grand jour. Ton avocat ratera le procès de sa vie. Les journalistes écriront sur toi une dernière fois. Puis t'oublieront. Tu seras à nouveau seul, complètement seul.

Et tu pourras enfin pleurer.

Composition : Entrelignes (64).
Achevé d'imprimer
sur Roto-Page
par l'Imprimerie Floch
à Mayenne, en juin 2024.
Dépôt légal : août 2024.
Numéro d'imprimeur : 105032.

ISBN 978-2-07-307179-8 / Imprimé en France.

633694